***ACCESO GRATIS** a la Lectura en la Nube*

Para visualizar el libro electrónico en la nube de lectura envíe junto a su nombre y apellidos una fotografía del código de barras situado en la contraportada del libro y otra del ticket de compra a la dirección:

ebooktirant@tirant.com

En un máximo de 72 horas laborales le enviaremos el código de acceso con sus instrucciones.

La visualización del libro en **NUBE DE LECTURA** excluye los usos bibliotecarios y públicos que puedan poner el archivo electrónico a disposición de una comunidad de lectores. Se permite tan solo un uso individual y privado

ESQUEMAS TEORÍA GENERAL DEL PROCESO

ESQUEMAS TEORÍA GENERAL DEL PROCESO

ANDRÉS FELIPE PADILLA ISAZA
EUGENIA BARRAQUER SOURDIS

tirant lo blanch
Bogotá D.C., 2024

En caso de erratas y actualizaciones, la Editorial Tirant lo Blanch publicará la pertinente corrección en la página web www.tirant.com.

EDITA: TIRANT LO BLANCH
Calle 11 # 2-16 (Bogotá D.C.)
Telf.: 4660171
Email:tlb@tirant.com
Librería Virtual: www.tirant.com/co/
ISBN 978-84-1056-914-0

Si tiene alguna queja o sugerencia, envíenos un mail a: *atencioncliente@tirant.com*. En caso de no ser atendida su sugerencia, por favor, lea en *www.tirant.net/index.php/empresa/politicas-de-empresa* nuestro Procedimiento de quejas.

Responsabilidad Social Corporativa: http://www.tirant.net/Docs/RSCTirant.pdf

Índice

A mi Mamá, la artífice de quien soy; a Carlos y nuestros hijos,
mi equipo y a Rafael H., mi gran maestro.

Eugenia

A Alejandro, Emilio Andrés y Camila.
A mis padres, mi hermana y mi mejor amiga,
que a la vez, es mi gran mentora.
A mi equipo.

Andrés Felipe

INTRODUCCIÓN

La Teoría General del Proceso es la parte general de la ciencia del Derecho Procesal que se ocupa del estudio de los conceptos, principios e instituciones comunes a las distintas disciplinas procesales particulares. Además, constituye un pilar fundamental en la formación de todo abogado.

El derecho sustantivo es "el qué", mientras que el derecho procesal es "el cómo". Así, el plano de encuentro entre las leyes en abstracto y la vida de las personas, está precisamente en el plano procesal. De ahí la relevancia de su estudio, que a través de esta obra de esquemas otorgará las bases para la adecuada comprensión de las instituciones procesales y su correcta aplicación práctica.

A través de esta obra se busca que, en la exposición de las diferentes instituciones procesales, se permita una aproximación amable al estudio del Derecho Procesal, el cual constituye la pasión de los autores.

De esta manera, se pretende contribuir al desarrollo profesional de los abogados y al fortalecimiento del sistema de administración de justicia en nuestro país.

PRIMERA PARTE

CONCEPTOS BÁSICOS

En esta parte se presentan algunas definiciones necesarias para la comprensión del Derecho Procesal desde sus bases, con el fin de abordar el estudio de la Teoría General del Proceso de manera integral.

EL PROCESO

"Proceso procesal es el conjunto de actos coordinados que se ejecutan por o ante funcionarios competentes del órgano judicial del Estado, para obtener, mediante la actuación de la ley en un caso concreto, la declaración, la defensa o la realización coactiva de los derechos que pretendan tener las personas privadas o públicas, en vista de su incertidumbre o desconocimiento, o insatisfacción (en lo civil, laboral o contencioso administrativo) o para la tutela del orden jurídico y de la libertad individual en los casos de delitos o contravenciones (en la rama penal)."

DEVIS ECHANDÍA, Hernando. Compendio de Derecho Procesal Tomo 1 Teoria General del Proceso. Bogotá: Editorial ABC, 1974. p. 133

CLASIFICACIÓN DE MECANISMOS DE SOLUCIÓN DE CONFLICTOS

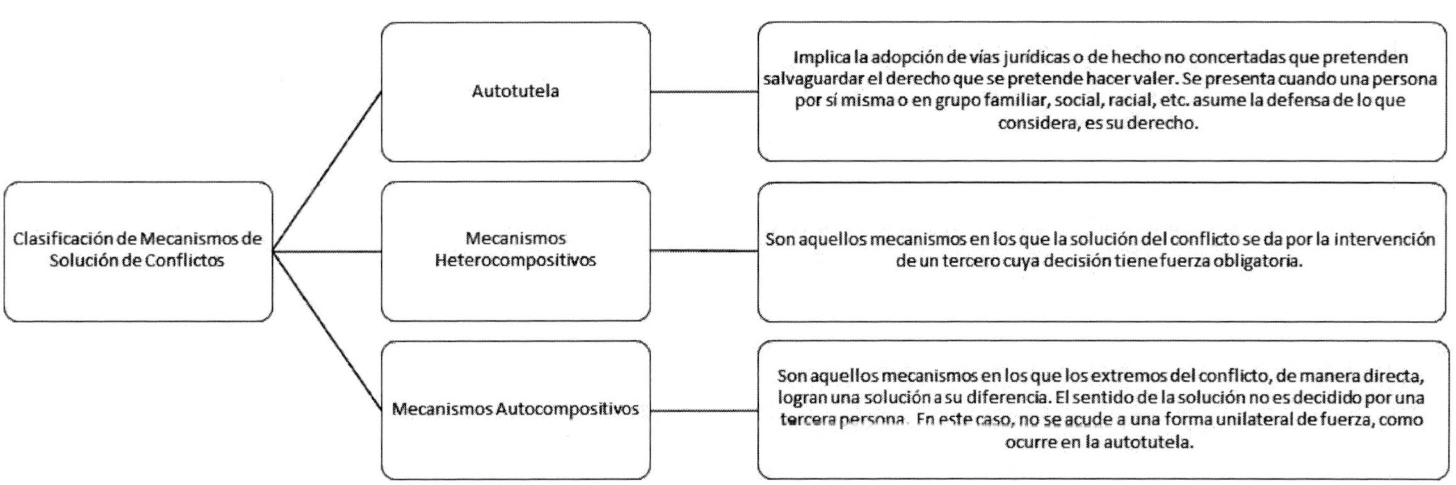

MECANISMOS HETEROCOMPOSITIVOS

Mecanismo	Descripción
Conciliación	• El Estado, como tercero, pone sus buenos oficios en un intento para acercar a las partes y lograr una solución al conflicto. • Esa solución debe ser aprobada por el conciliador, lo que le otorga los mismos efectos de una sentencia judicial. Esta aprobación es la razón por la cual se clasifica como un mecanismo de heterocomposición.
Amigable Composición	• Las partes delegan en un tercero la construcción de una solución que tendrá fuerza vinculante, pero será de carácter meramente contractual. • Es una transacción lograda por un tercero.
Función Jurisdiccional del Estado	• Implica la intervención del Estado como tercero imparcial, a través de sus funcionarios jurisdiccionales permanentes, para resolver el conflicto con fuerza definitoria para las partes sin que ellas puedan sustraerse del cumplimiento de la decisión proferida.
Arbitraje	• Implica la intervención del Estado como tercero imparcial, esta vez a través de particulares transitoriamente investidos de jurisdicción, para resolver el conflicto con fuerza definitoria para las partes sin que ellas puedan sustraerse del cumplimiento de la decisión proferida.

MECANISMOS AUTOCOMPOSITIVOS

Desistimiento	• Se presenta cuando una parte renuncia a su derecho real o presunto frente a la otra. Es una forma de autocomposición individual.
Mediación	• Tiene lugar cuando interviene un tercero que presta sus buenos oficios en un intento de acercar a las partes en conflicto para que ellas mismas lleguen a una solución; se presenta de forma más notoria en la solución de conflictos internacionales.
Allanamiento	• Cuando una parte no se resiste a las pretensiones de otra, sino que por el contrario las acepta expresamente.
Transacción	• Es un contrato en virtud del cual las partes, mediante recíprocas concesiones, terminan un litigio actual o precaven uno eventual. No es transacción el acto que solo consiste en la renuncia de un derecho que no se disputa.

UBICACIÓN DEL DERECHO PROCESAL

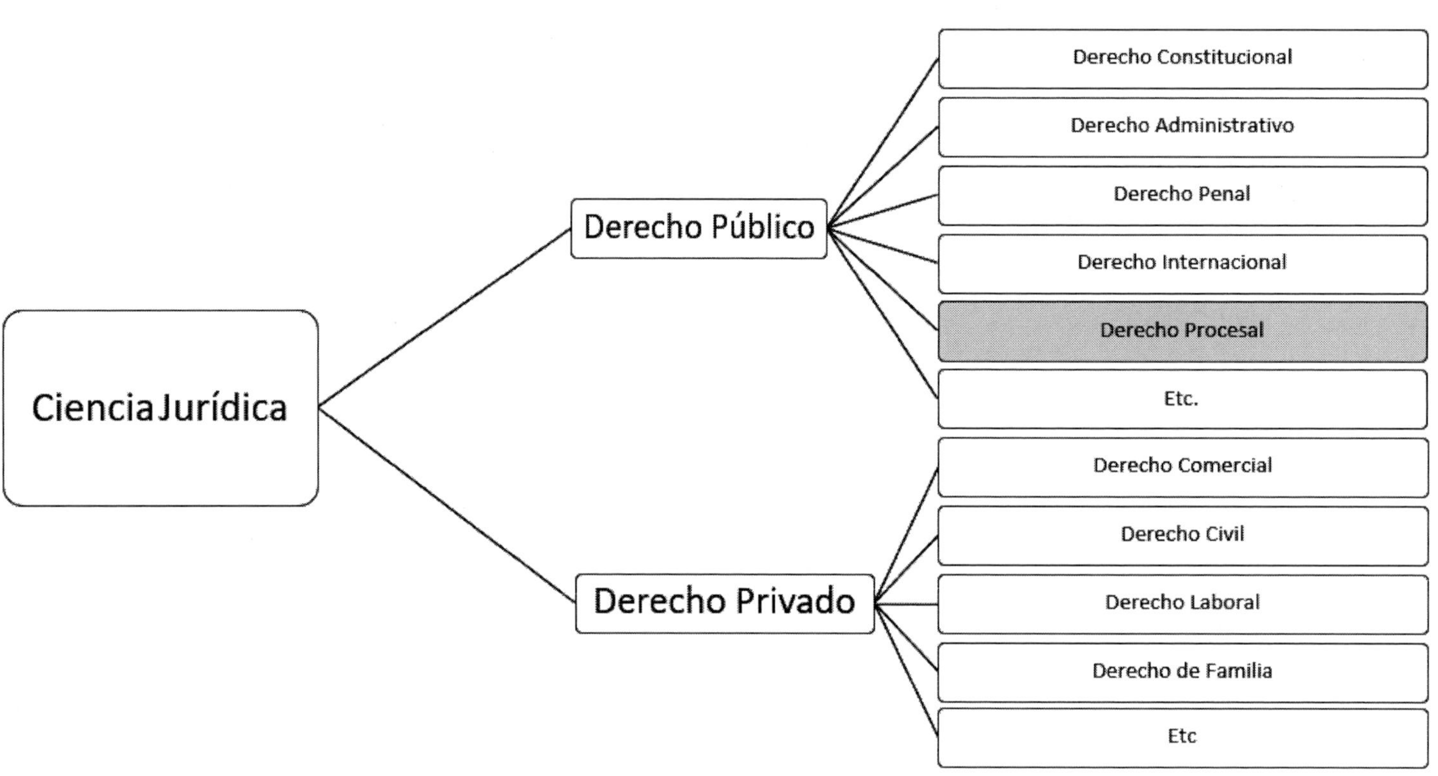

EL DERECHO PROCESAL

Definición	• Es aquella rama del Derecho que se encarga de hacer valer en juicio los derechos reconocidos por la ley sustancial.
Objeto	• Dar certeza al derecho. • Precaver violaciones de la ley. • Resolver conflictos.
Fundamento Constitucional	• Artículo 29 de la Constitución Política. Es la expresión positiva de uno de los principios generales del estado de derecho, conforme al cual "nadie podrá ser condenado sin antes haber sido oído y vencido en juicio".
Interpretación	• La hermenéutica del Derecho Procesal sigue las mismas reglas generales de todo derecho, teniendo en cuenta las normas especiales contenidas en los artículos 11, 12 y 13 del Código General del Proceso (Ley 1564 de 2012).

FUENTES DEL DERECHO PROCESAL

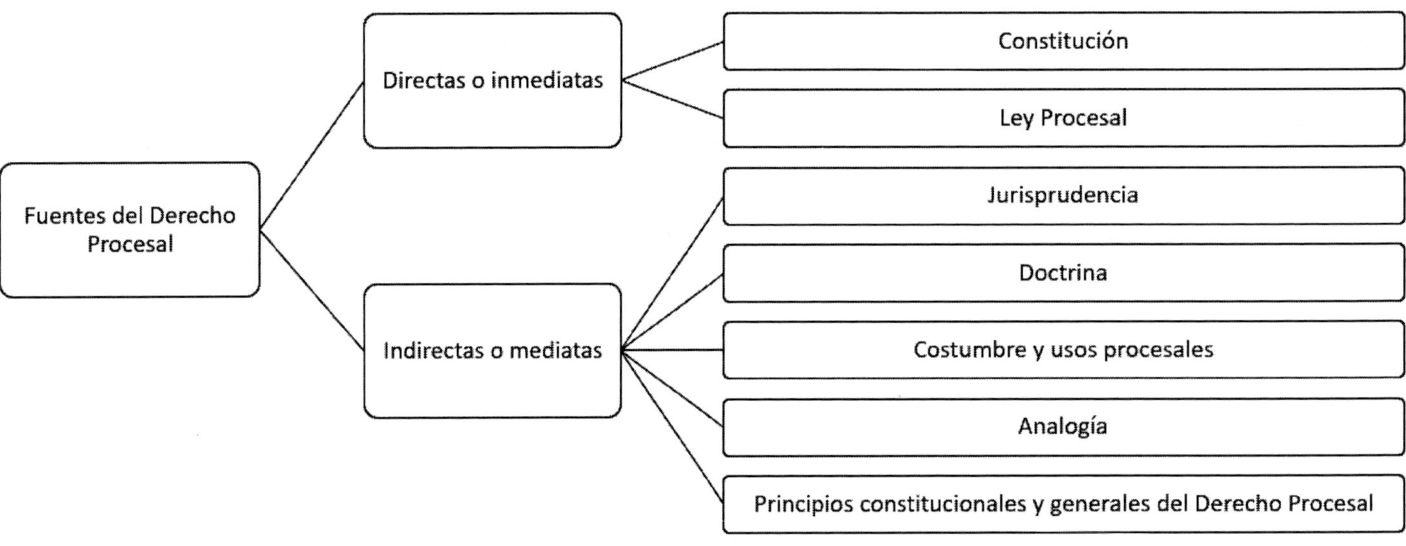
Fuentes del Derecho Procesal
Directas o inmediatas
Constitución
Ley Procesal
Indirectas o mediatas
Jurisprudencia
Doctrina
Costumbre y usos procesales
Analogía
Principios constitucionales y generales del Derecho Procesal

LA NORMA PROCESAL

LA NORMA PROCESAL

Noción	• La ley procesal es la que se encarga de regular "las formas propias de cada juicio" que exige el artículo 29 de la Constitución.
Características	• Es de orden público, por lo que no admite pacto en contrario salvo muy contadas excepciones. • Es dinámica, pues va indicando los pasos a seguir para llegar a la meta final. • Es neutral porque no concede ni niega ventajas a ningún sujeto. • Es el medio entre la norma sustancial abstracta (ley) y la norma sustancial concreta (sentencia).
Aplicación	• Reglas de aplicación de la norma procesal en el tiempo. • Reglas de aplicación de la norma procesal en el espacio. • Reglas de aplicación de la norma procesal según el sujeto.

REGLAS DE APLICACIÓN DE LA NORMA PROCESAL EN EL TIEMPO

Procesos terminados	• En relación con ellos, no hay discusión. Las actuaciones consolidadas seguirán siendo igualmente válidas. Cualquier actuación que deba adelantarse con posterioridad se regirá por la ley nueva.
Procesos en curso	• Hay que hacer distinción según el estado en que se encuentre cada proceso. Por regla general, cada actuación concluye al amparo de la norma bajo la cual inició. Concluida esa actuación, empieza a aplicarse la ley nueva. Artículo 40 de la Ley 153 de 1887 y normas especiales de cada ordenamiento procesal.
Procesos que no se han iniciado	• No existe dificultad; se regirán íntegramente por la ley nueva.

APLICACIÓN DE LA NORMA PROCESAL EN EL ESPACIO

Principio de Territorialidad

- El proceso se rige por las normas del Estado donde deba tener ocurrencia, salvo tratado o convención.
- Los extranjeros están sometidos a la ley procesal colombiana respecto de:
  1. Todos aquellos actos que sean ejecutados en Colombia y deban ser juzgados en el país.
  2. Actos ejecutados en el extranjero que deban producir efectos en Colombia y sean juzgados en Colombia.
- Las sentencias extranjeras no producen efecto en Colombia, a menos que se homologuen o reconozcan vía el proceso de Exequátur o por disposición de un tratado.

APLICACIÓN DE LA NORMA PROCESAL SEGÚN EL SUJETO

Por regla general, no hay normas procesales ni procesos especiales para determinadas personas.

- Algunas personas en razón de su investidura tienen ciertos privilegios o inmunidades como sucede por ejemplo con el Presidente de la República, los Ministros, los Congresistas o los Diplomáticos.

PRINCIPIOS FUNDAMENTALES

PRINCIPIOS FUNDAMENTALES DEL DERECHO PROCESAL

Exclusividad y obligatoriedad de la función judicial	•Característica del estado moderno. •Prohíbe la justicia por mano propia. •Conlleva la obligatoriedad de las decisiones judiciales.
Independencia	•Los funcionarios deben actuar libremente y solo están sometidos al imperio de la Ley.
Imparcialidad de los funcionarios	•Los jueces deben poder resolver sin tener ni interés ni sentimiento alguno que los mueva a adoptar una u otra determinación. •Se garantiza a través de la institución de los impedimentos y recusaciones.
Igualdad de las partes	•Es el reflejo de la igualdad general de todas las personas ante la Ley. •Las partes deben gozar de igualdad de oportunidades para su defensa.
Necesidad de oír a la parte contraria	•"Nadie puede ser condenado sin haber sido oído y vencido en juicio". •Es la materialización del principio de relatividad de los actos jurídicos. La sentencia únicamente afecta a quienes han intervenido en el proceso. •Es necesario citar al demandado para que asuma su defensa.
Publicidad	•No debe haber justicia secreta, ni procedimientos ocultos, ni sentencias sin antecedentes o motivaciones. •El proceso es público pero únicamente entre las partes. No toda persona puede examinar un expediente sino únicamente las partes, sus apoderados, el juez, sus empleados, los auxiliares de la justicia, los abogados y los dependientes judiciales respecto de los casos en que es apoderado quien los patrocine.

PRINCIPIOS FUNDAMENTALES DEL PROCEDIMIENTO

Obligatoriedad de procedimientos	•Las normas procesales son de orden público y por consiguiente de obligatorio cumplimiento. •En ningún caso podrán ser derogadas, modificadas o sustituidas por los funcionarios o particulares, salvo autorización expresa de la ley.
Iniciación e impulsión del proceso	•Sistema dispositivo: La iniciación e impulso le corresponde al demandante. •Sistema inquisitivo: La iniciación e impulso le corresponde al demandante y al juez. •Sistema acusatorio: Propio del proceso penal. La adelanta el Estado directamente.
Economía o eficiencia procesal	•Debe obtenerse el máximo de resultados posible con el mínimo de actividad procesal.
Concentración del proceso	•El proceso debe realizarse en el menor tiempo posible, evitando cuestiones accidentales que entorpezcan la marcha del asunto.
Eventualidad	•Cada acto jurídico procesal debe llevarse a cabo en la oportunidad que la ley determina para su adelantamiento.
Preclusión	•Es la pérdida de la oportunidad para adelantar determinado acto jurídico procesal, por la inobservancia del principio de eventualidad.

PRINCIPIOS FUNDAMENTALES DEL PROCEDIMIENTO

Inmediación	•Debe haber una inmediata comunicación entre el juez, las personas que intervengan en el proceso y los hechos que en él deban constar.
La constancia del proceso - sistemas	•Depende de la forma en la que el legislador escoja que el proceso debe adelantarse. De acuerdo a esta modalidad, se utilizarán diferentes sistemas que permitan tener constancia de las actuaciones surtidas. Así, puede ser que el proceso sea: 1.Oral. 2.Escritural. 3.Mixto.
La sentencia no crea derecho; lo declara	•El juez comparará los hechos con el derecho y emitirá una decisión. •La decisión del juez es retroactiva al momento en que sucedieron los hechos que se juzgan.
La verdad	•Corresponde al juez decir el derecho, dado que lo que diga en su sentencia se tendrá como verdad, por lo que debe buscar la certeza sobre los hechos para poder dictar su sentencia. • Distinguir entre "verdad verdadera" y "verdad procesal" es propio del sistema dispositivo y carece de sentido.
Cosa juzgada	•Una vez decidido el asunto, las partes deben acatar lo resuelto sin que les sea permitido volver a plantear de nuevo el mismo conflicto. •Cuando la sentencia tiene efecto de cosa juzgada, quedan atados a su sentido no solo las personas que intervinieron en el proceso sino cualquier persona que les suceda en su derecho, de manera idéntica e indefinida hacia el futuro.
Apreciación de las pruebas - sistemas	•Es el ejercicio de observación, entendimiento o lectura del contenido de las pruebas. De acuerdo con la modalidad, podrá ser: 1.Tarifa legal: La ley determina los principios que el juez debe tener en cuenta en la apreciación de las pruebas y así se le impone una valoración preestablecida. 2.Libre apreciación: Corresponde al juez estimar las pruebas según el mérito de convicción que le produzcan, debiendo explicar las motivaciones sobre la valoración. 3.Íntima convicción: Permite hacer una valoración con base en el saber privado del juez. No se requiere una motivación de su decisión, sino que únicamente se exige una certeza moral en el juzgador.

PRINCIPIOS FUNDAMENTALES DEL PROCEDIMIENTO

Moralidad del proceso, buena fe y lealtad procesal	•La ley define y reprime la conducta inmoral de las partes y de sus apoderados a lo largo del proceso.
Impugnación	•Es la posibilidad de atacar las decisiones de los jueces, con el objetivo de remediar cualquier error de fondo que se haya podido cometer.
Contradicción o audiencia bilateral	•Expresión del principio de igualdad. •Conlleva que a cada una de las partes han de dárseles las mismas oportunidades que tuvo la otra.
Doble instancia	•Por regla general, todo proceso debería ser conocido por dos jueces, uno a continuación del otro.
Motivación	•Implica la necesidad de que los jueces expliquen sus determinaciones; que le indiquen a las partes el porqué llegaron a la conclusión que adoptan en la decisión.
Gratuidad	•La situación económica de las partes no puede convertirse en una ventaja o un obstáculo para el acceso a la administración de justicia. •El servicio de justicia que presta el Estado será gratuito, sin perjuicio del arancel judicial y de las costas procesales.

LA JURISDICCIÓN

LA JURISDICCIÓN

Concepto	• Es la soberanía del Estado aplicada a la función de impartir justicia.
Unidad	• La jurisdicción como tal es una sola porque se trata del mismo poder del Estado; lo que ocurre es que se ejerce en distintas materias y por diferentes órganos, lo que da lugar a la competencia.

PODERES DE LA JURISDICCIÓN

Decisión	• Por medio del cual se dirime la controversia o se resuelve el asunto con fuerza obligatoria para quienes han intervenido en el proceso.
Coerción	• Por medio del cual se procuran los elementos necesarios para resolver el proceso, teniendo la facultad de remover todos los obstáculos que se presenten frente al cumplimiento de sus decisiones.
Documentación	• Por medio del cual el juez puede acceder a toda la información necesaria para llegar al conocimiento de la verdad.
Ejecución	• Por medio del cual el juez puede imponer su decisión; hacer cumplir lo que ya ha sido declarado como verdadero.

CLASIFICACIÓN DE LA JURISDICCIÓN

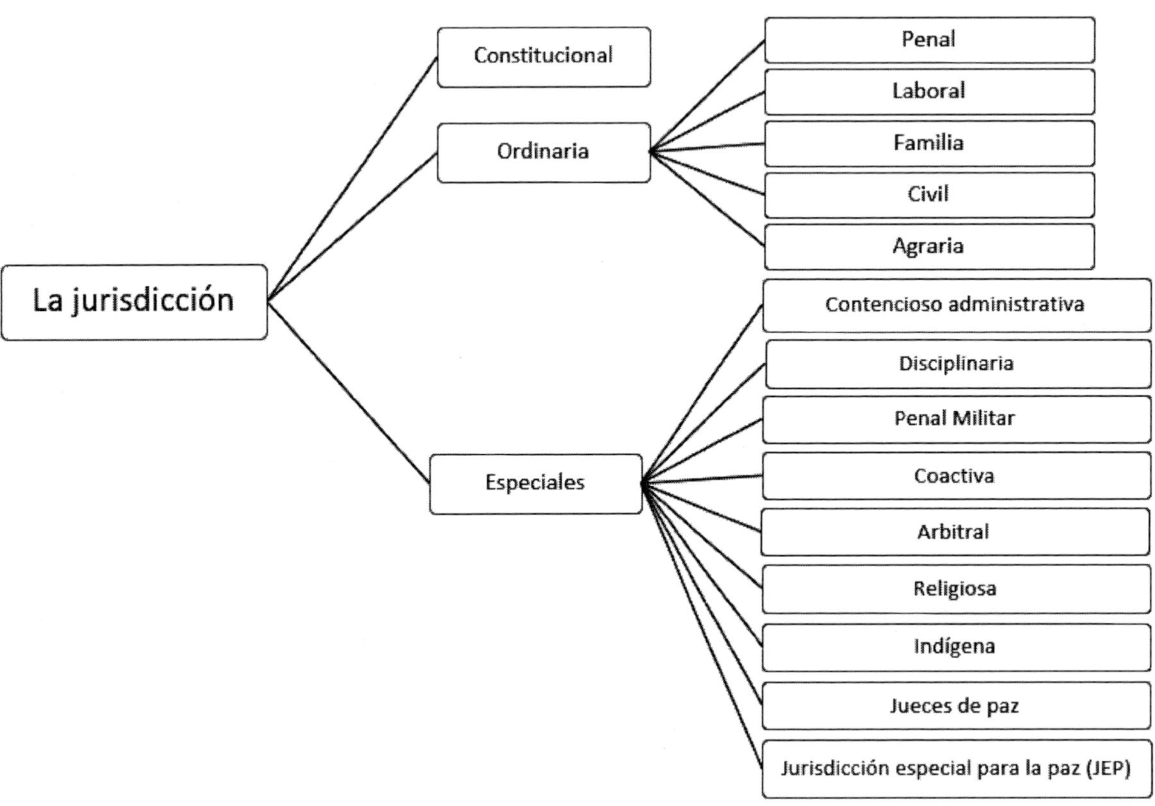

EXTENSIÓN DE LA JURISDICCIÓN

Territorio	• La división territorial judicial le fija a cada juez los límites geográficos para el ejercicio de su poder jurisdiccional, dentro de los cuales ejerce sus funciones.
Competencia	• La ley determina los asuntos específicos de los cuales puede conocer cada juez en particular.

PARTICULARIDADES DE LA JURISDICCIÓN

Adquisición	• Se adquiere por el funcionario desde el momento en que recibe la calidad de tal, lo que sucede con su nombramiento y posesión.
Pérdida	• Se pierde totalmente con la pérdida del empleo que la confiere. • Se pierde parcialmente cuando para un caso determinado ha caducado la acción.

Suspensión	• Se suspende transitoriamente por:
	  • Falta temporal del funcionario, cuando se le concede una licencia o cuando es sancionado disciplinariamente.
	  • Falta accidental, cuando en determinado asunto el juez no puede actuar por existir una causal de impedimento.

PARTICULARIDADES DE LA JURISDICCIÓN

Usurpación

- Cuando el funcionario pretende ejercerla sin tenerla, por haberla perdido o por tenerla suspendida.
- Cuando procede contra decisión ejecutoriada del superior.
- Cuando el comisionado se toma más facultades de las otorgadas.
- Cuando se pretermiten las instancias.
- Cuando se reviven procesos legalmente concluidos.
- Cuando conoce de un asunto reservado a otra jurisdicción.

Delegación

- Se presenta en los casos en los que el juez comisiona una actuación.

LA FUNCIÓN JUDICIAL

LA FUNCIÓN JUDICIAL

Noción	• Es la facultad de administrar justicia ejercida por el Estado. • Constituye una verdadera función pública.

LA FUNCIÓN JUDICIAL

Características	• Exclusiva: La función de administrar justicia corresponde al Estado. • Definitiva: Por regla general las decisiones de los funcionarios competentes tienen fuerza obligatoria indefinida hacia el futuro • Permanente: Debe existir siempre y estar disponible de manera constante sin que deba haber interrupción alguna. Esto va de la mano con que se le considera un servicio público esencial, desde la teoría del estado social de derecho.
División territorial judicial	• Circunscripción nacional: Comprende todo el territorio de la República, continental e insular e incluso el mar territorial. • Distrito judicial: Comprende una reunión de circuitos judiciales vecinos entre ellos, pero no todos entre sí. Generalmente coincide con el territorio de un departamento. Tiene una ciudad principal que se denomina "Cabecera de Distrito". • Circuito judicial. Comprende una reunión de municipios vecinos entre ellos, pero no todos entre sí. Tiene una ciudad principal que se denomina "Cabecera de Circuito". • Municipios. Comprende a cada municipio dentro de sus respectivos límites territoriales.

¿QUIÉNES EJERCEN LA FUNCIÓN JUDICIAL?

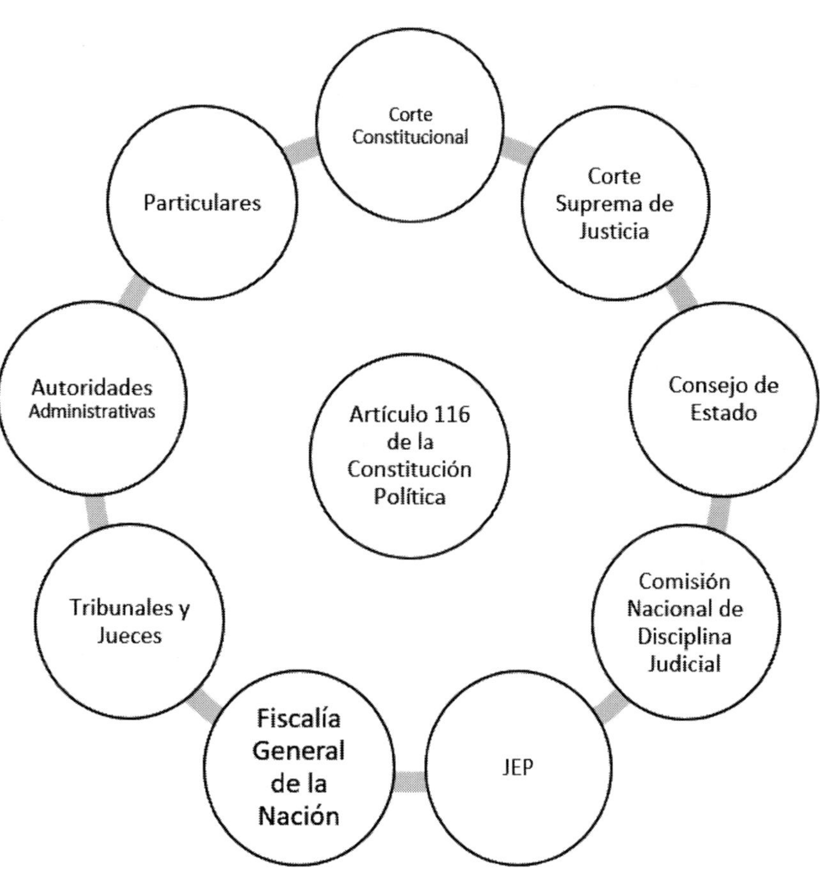

LA FUNCIÓN JUDICIAL: EL JUEZ

Definición	•Es un servidor público, adscrito a la Rama Judicial cuya función es la de ejercer la jurisdicción del Estado en el marco de su competencia.
Incompatibilidades e inhabilidades	•Son restricciones fijadas por el legislador para limitar el derecho de acceso al ejercicio de la función judicial. 1. Las incompatibilidades impiden el ejercicio de la función por razones de conflicto de interés o pérdida de objetividad en el desempeño del cargo. 2. Las inhabilidades suponen o que la persona no se encuentra física o mentalmente apta para asumir las funciones asignadas o ha demostrado su incapacidad o su irresponsabilidad para manejar los asuntos que se confían a los funcionarios judiciales.
Tipología del juez	•Colegiados: Cortes y Tribunales. •Unipersonales: Jueces

LA FUNCIÓN JUDICIAL

Secretarios y subalternos

- Los cuerpos colegiados y todos los juzgados tienen un secretario y los demás empleados subalternos que determine la Ley.
- Estos funcionarios no ejercen jurisdicción.

Auxiliares de la justicia

- Tiene su explicación en que el juez no puede saber de todo (salvo derecho) ni puede hacer de todo.
- Requieren versación y experiencia en la materia en la que auxiliarán al juez. Hay casos en que se requiere título profesional legalmente expedido.
- Pueden ser personas jurídicas o naturales
- No son funcionarios públicos, pero transitoriamente desarrollan funciones públicas.

Imparcialidad de los funcionarios judiciales

- Se garantiza a través del régimen de impedimentos y recusaciones. Las causales son definidas taxativamente por el legislador.
  1. Impedimento: El funcionario considera que en él concurre alguna de las causales y debe declararse impedido tan pronto como la advierta.
  2. Recusación: La parte considera que el funcionario se encuentra incurso en alguna de las causales y le pide que se declare impedido.

LA ACCIÓN

LA ACCIÓN

Concepto

- Es el derecho de las personas para acudir al Estado en busca de su intervención para la resolución de un conflicto.

TEORÍAS SOBRE LA ACCIÓN

Forma parte del derecho sustancial	• Época privatística de la concepción del Derecho Procesal. • Solo quien tiene el derecho, quien es su verdadero titular, tiene la posibilidad de hacerlo valer en juicio.
Forma parte del derecho Procesal	• El proceso interesa al orden público y por tanto, la acción es complementaria del derecho sustancial. • Es el instrumento para la realización del derecho, al aportarle la parte coactiva para su cumplimiento, cuando este no sea obtenido por la voluntad de la persona comprometida.

DIFERENCIA ENTRE ACCIÓN Y PRETENSIÓN

Acción	• Es el derecho para pedir.
Pretensión	• Es lo que se pide, en sí mismo.

ELEMENTOS: ACCIÓN - PRETENSIÓN

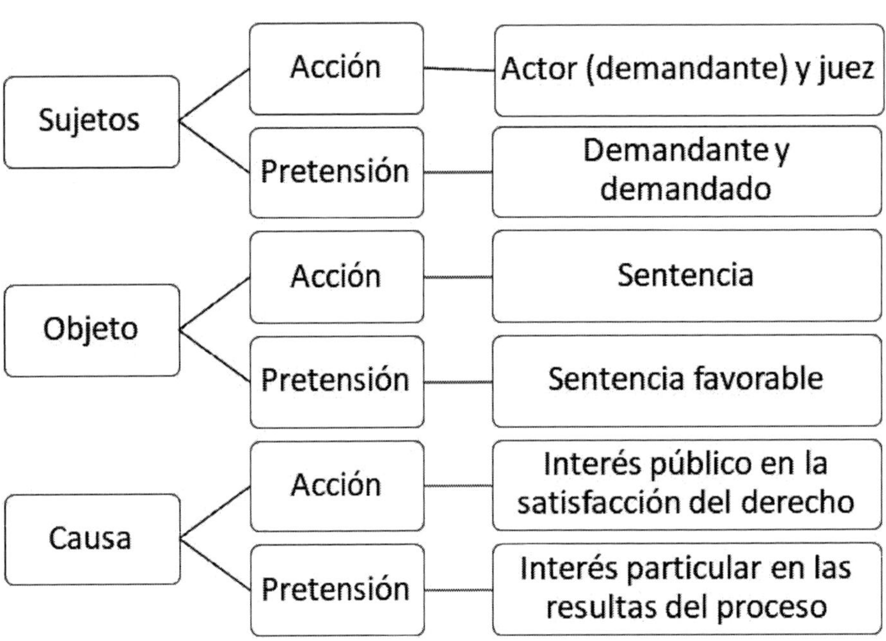

CLASIFICACIONES DE LA ACCIÓN

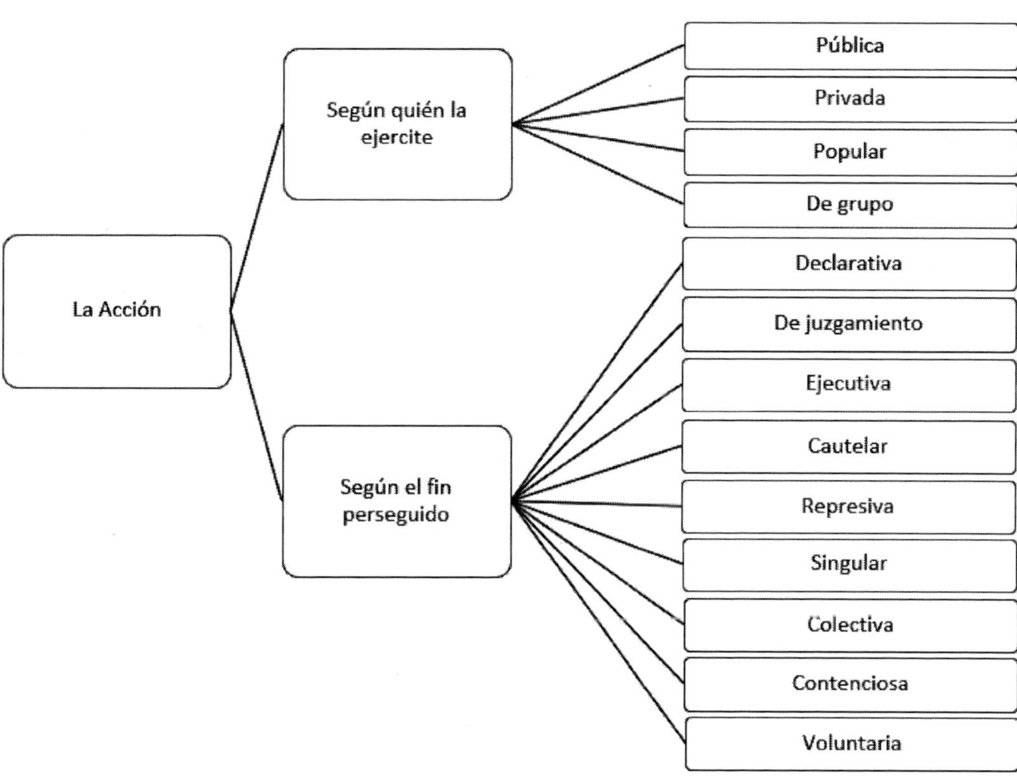

DEFINICIONES DE ACCIÓN

Acción en sentido material	• Refiere al derecho sustancial que se quiere proteger. • Es realmente la pretensión.
Acción en sentido procesal	• Es la facultad o el poder jurídico de acudir a la jurisdicción en busca de una sentencia. • Es la acción propiamente dicha.

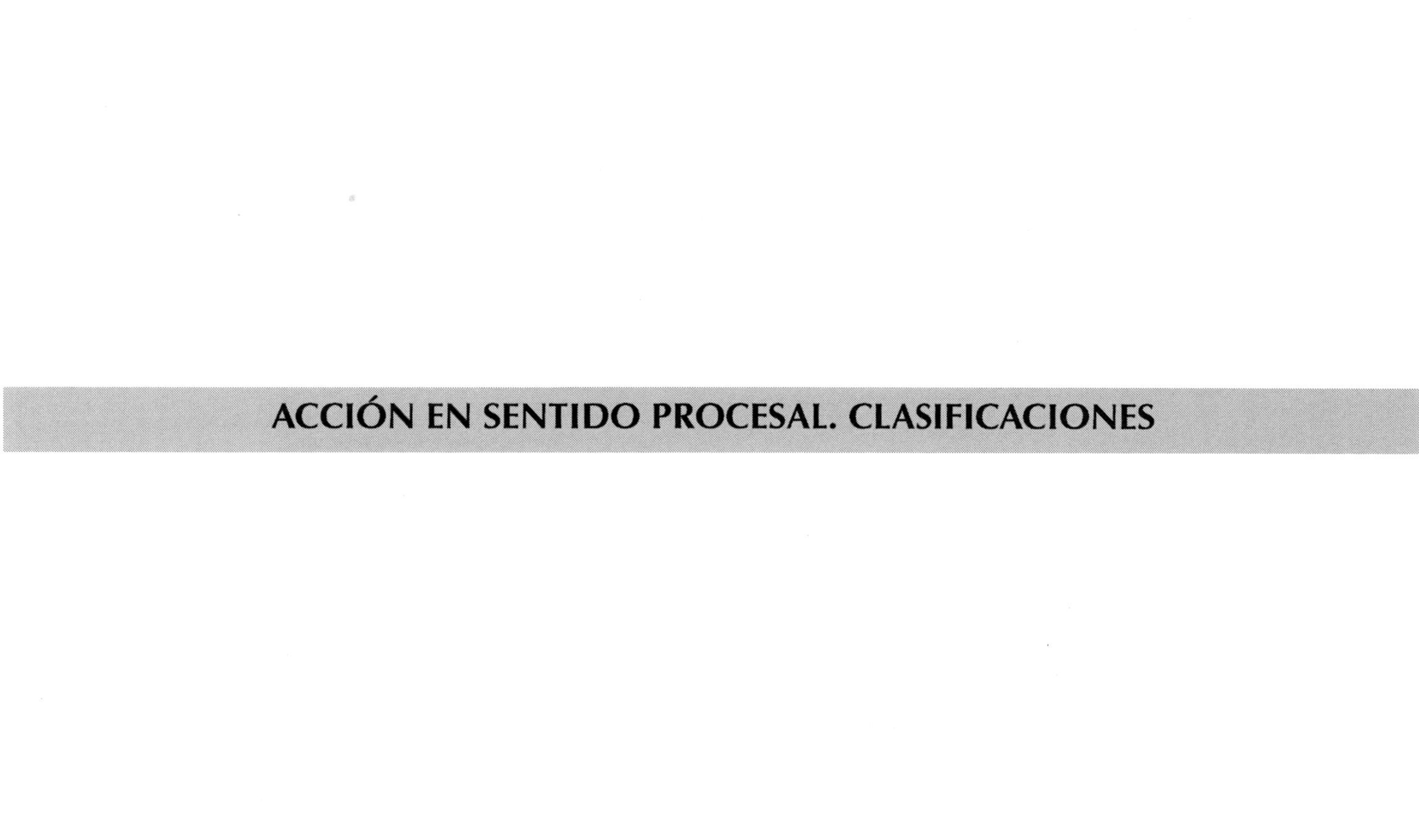

ACCIÓN EN SENTIDO PROCESAL. CLASIFICACIONES

POR LA CLASE DE ORGANIZACIÓN JUDICIAL QUE LA HA DE CONOCER

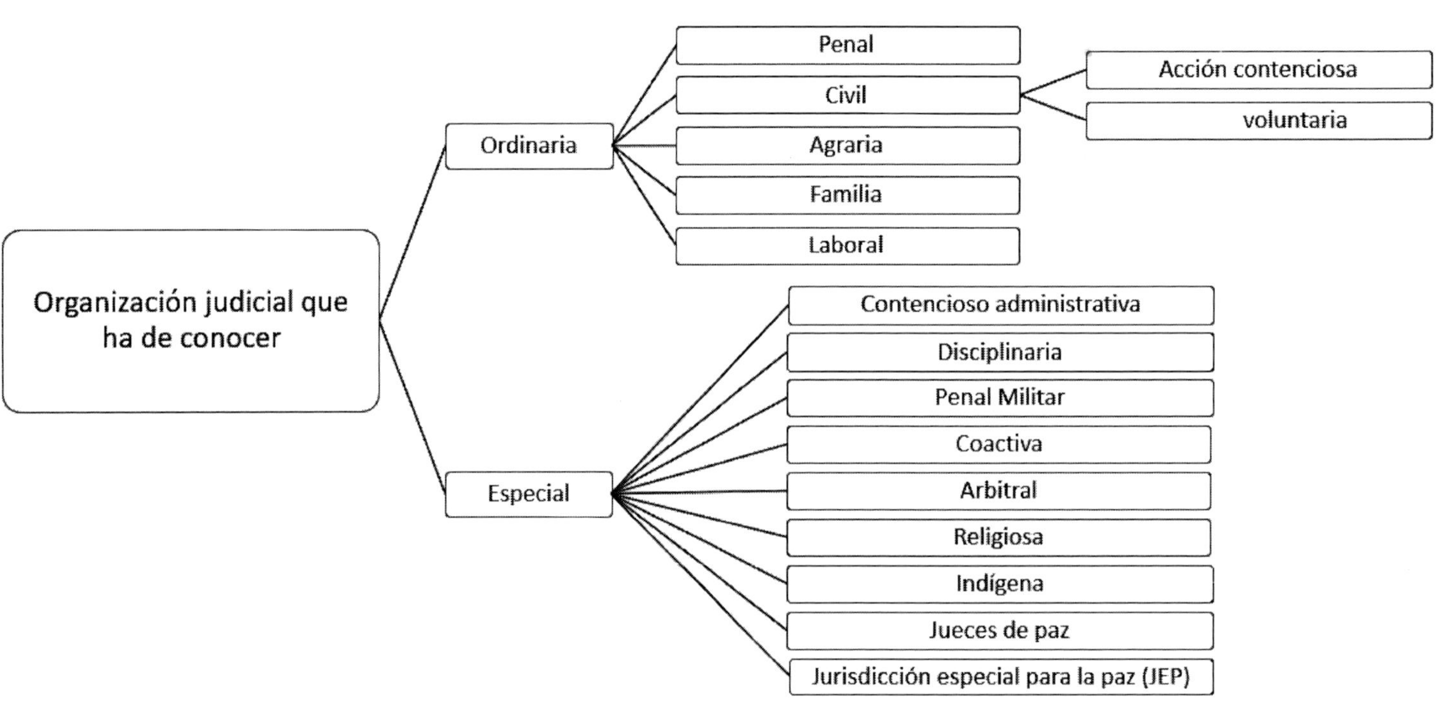

POR QUIÉN LA EJERCITA

Públicas y populares	• Acciones que la ley otorga a cualquier persona, como la mayoría de las acciones penales o la de inexequibilidad.
Privadas	• Requieren que el demandante tenga un interés personal e individual en la suerte de la pretensión.

POR EL FIN PARA EL CUAL SE EJERCITA

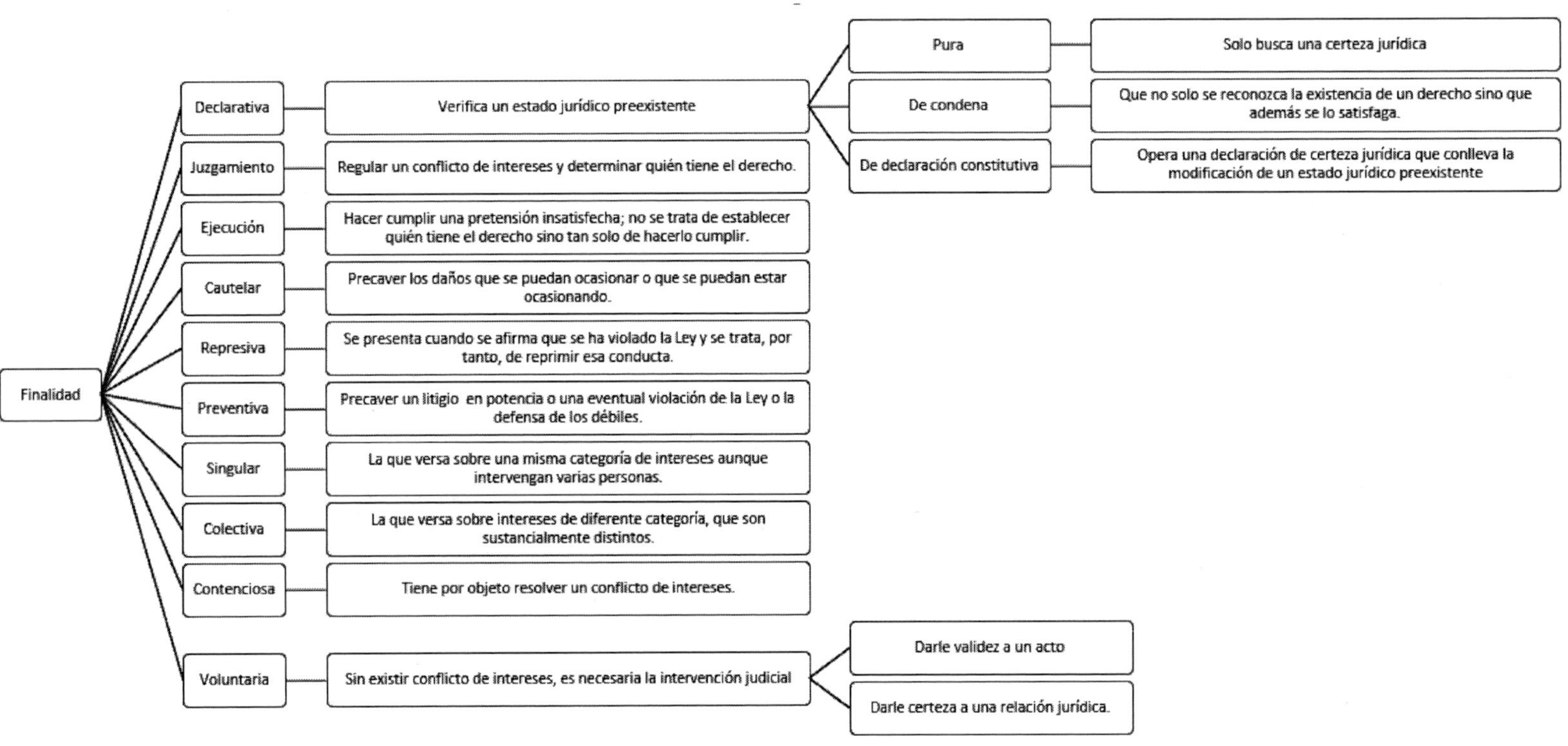

CESIÓN Y TRANSMISIÓN DE LA ACCIÓN

No existe como tal la figura de cesión o transmisión de la Acción, puesto que ésta es un derecho personalísimo de cada persona.

- Lo que es posible transmitir o ceder, son los derechos materiales subjetivos, es decir, la posición en la relación jurídica sustancial.
- Quien recibe la cesión puede hacer valer en juicio su derecho cedido, utilizando su propio derecho de acción.
- Cuando hay cesión del derecho litigioso, opera la figura de sucesión procesal.

TERMINACIÓN DE LA ACCIÓN

Según su temporalidad	• Anticipada: Cuando el juez no atiende la solicitud porque le falta alguno de los presupuestos para su ejercicio válido o porque a la demanda le falta algún requisito. • General: Cuando cumpliendo los presupuestos para su ejercicio válido, concurre un mecanismo de terminación.
Mecanismos de terminación	• La acción termina por las mismas causas y en los mismos eventos en que termina el proceso.

EL PROCESO

EL PROCESO

Noción

- Una sucesión de actos jurídico procesales ordenados que tienen como fin producir una sentencia.

Litigio y proceso

- Existe litigio cuando hay una controversia entre las partes, cuando hay contención entre las personas.
- Existe proceso cuando esa controversia se lleva al conocimiento del juez para que la resuelva; es admitida por este y puesta en conocimiento de la otra parte en forma tal que se establece la relación jurídico procesal.
- Todo proceso contiene un litigio, pero no todo litigio implica un proceso.

Funciones

- Jurídica: Determinar en cada caso lo que es justo.
- Práctica: Ejecutar y hacer cumplir lo que ya ha sido declarado como justo.

LA RELACIÓN JURÍDICO PROCESAL

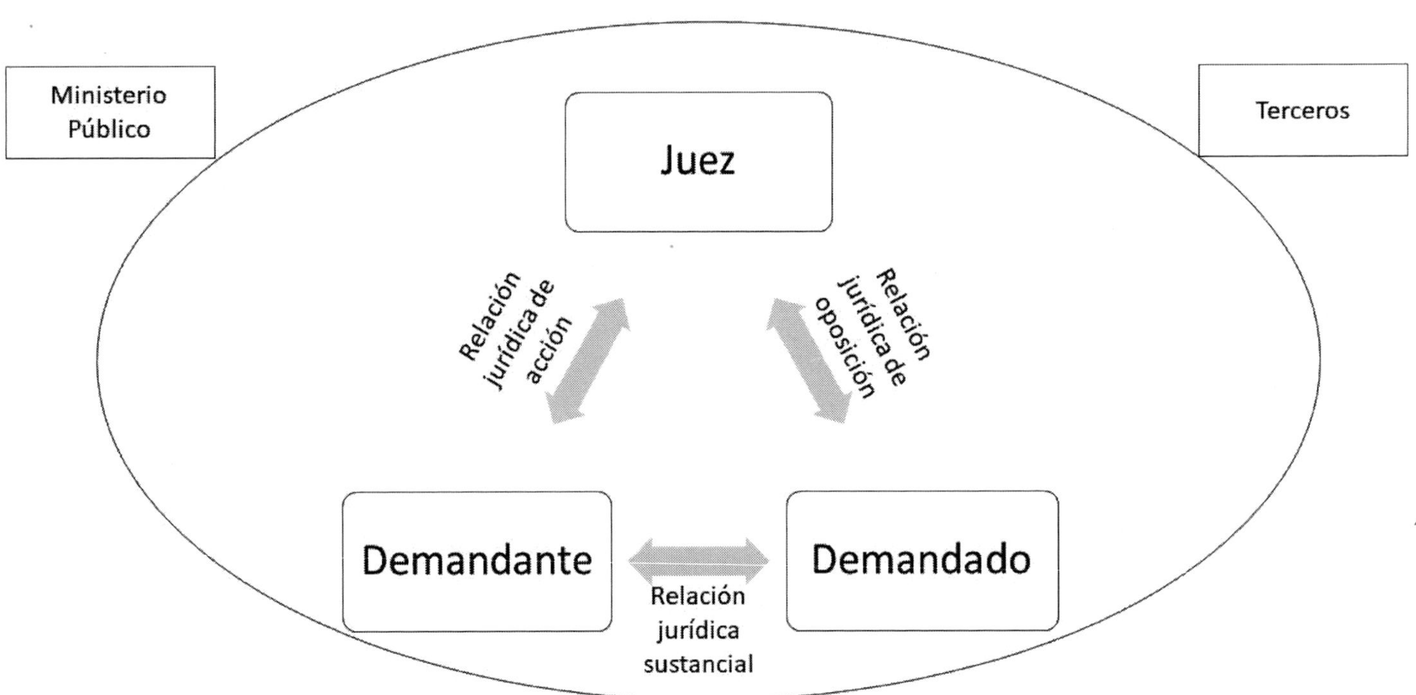

LOS PRESUPUESTOS PROCESALES

LOS PRESUPUESTOS PROCESALES

Noción	• Requisitos de índole estrictamente procesal que hacen referencia exclusiva a la relación jurídico procesal que va a producir la sentencia. • Se refieren a la formación válida y eficaz de la relación jurídico procesal y hacen relación al ejercicio del derecho de acción.
Clasificación	• Procesales: Atienden al ejercicio del derecho a la acción en relación con la existencia y validez de la relación jurídico procesal. • Materiales: Hacen referencia a aquello sobre lo cual versa el proceso, o sea a una relación jurídica sustancial que sea existente y válida y para establecer si lo que se pretende puede o no ser resuelto por el juez y en caso afirmativo, en qué sentido.

PRESUPUESTOS JURÍDICO PROCESALES

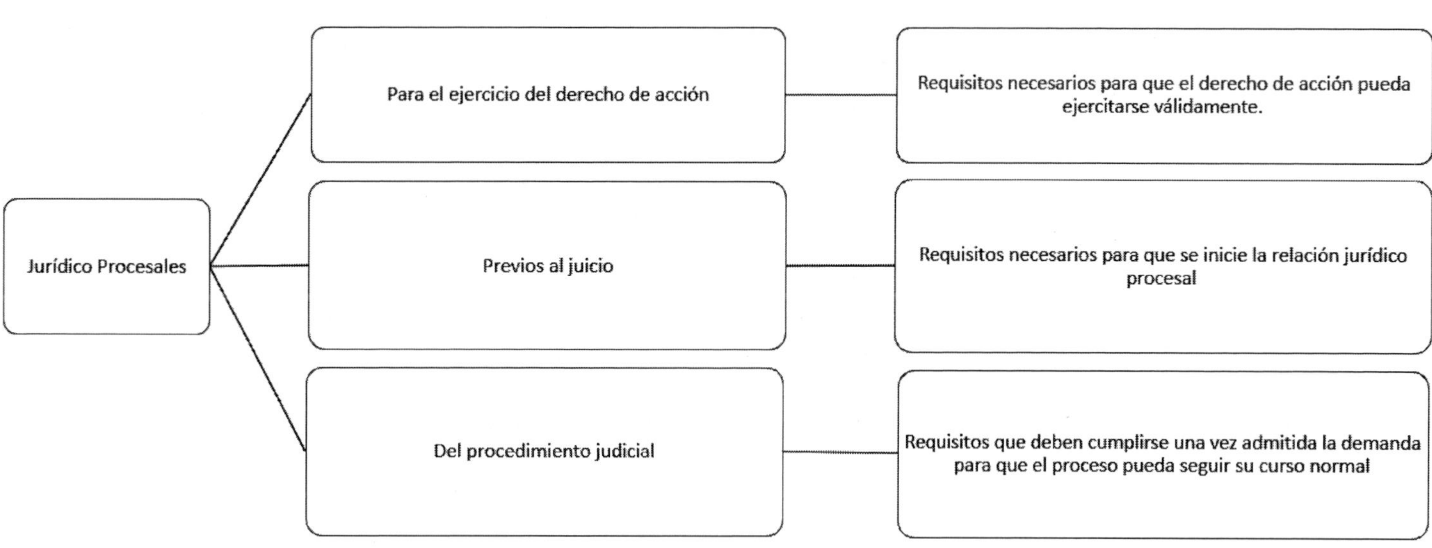

PRESUPUESTOS JURÍDICO PROCESALES PARA EL EJERCICIO DE LA ACCIÓN

Capacidad jurídica	• Para estos efectos se trata de la capacidad de goce, que es aquella que toda persona tiene por el simple hecho de existir.
Capacidad procesal	• Se identifica con la capacidad de ejercicio. Implica determinar si la acción se puede ejercer directamente o si es necesario hacerlo por conducto de quien ejerza la representación.
Adecuada representación	• Cuando se está en presencia de un sujeto que no cuenta con capacidad para ejercer directamente la acción se debe acreditar quién, en los términos de la ley, ejerce su representación.
Que se ejercite ante el juez	• En la medida que el derecho de acción consiste en la facultad de pedir la intervención del órgano jurisdiccional del Estado, la acción debe ejercitarse ante una entidad que ejerza jurisdicción.
Adecuada postulación	• Para los casos en que la ley así lo exige la acción debe ejercerse a través de la representación de un abogado. Su razón de ser está en atemperar la presuncion de que la ley es conocida por todos.
Que no haya caducado la acción	• Exige que no haya operado agotamiento de la vía procesal por no haber sido intentada dentro del término previsto por la ley.

PRESUPUESTOS JURÍDICO PROCESALES PREVIOS AL JUICIO

Que se demande ante la jurisdicción que corresponde	• En la medida que la ley ha establecido diferentes organizaciones jurisdiccionales para resolver diferentes asuntos, ellas inhiben a un juez para conocer asuntos reservados a jueces de otra jurisdicción.
Que se demande ante el juez competente	• Atendiendo a factores tales como el territorio, la materia, las personas, etc., la ley ha determinado de qué asuntos conoce cada juez y es ante ese funcionario en específico que debe formularse la demanda.
Capacidad y debida representación del demandado	• Para el caso del demandado, la ley exige los mismos requisitos que para quien ejerce la acción: que cuente con capacidad tanto jurídica como procesal o que esté debidamente representado.
Demanda en forma legal	• Implica que la demanda reúna los requisitos que la ley exige para cada tipo de proceso y de pretensión.

PRESUPUESTOS JURÍDICO PROCESALES DEL PROCEDIMIENTO JUDICIAL

Debida citación o emplazamiento de la parte demandada	• Al proceso debe vincularse al demandado en los términos que para ello prevea la ley, con el fin de que se guarden las garantías constitucionales del derecho de defensa y, en especial, la de ser oído en juicio. • La parte demandada entra a ser parte de la relación jurídico procesal una vez es debidamente citada o emplazada.
Cumplimiento de trámites procesales	• El proceso está integrado por una serie de actos jurídicos, diversos y sucesivos que tienen como finalidad llegar a la sentencia; la ausencia de alguno de ellos o la alteración de su orden demora o impide la sentencia.
Ausencia de nulidad en el proceso	• Tanto la constitución como el desarrollo de la relación jurídico procesal han de ser válidos para que pueda producirse una sentencia válida.

PRESUPUESTOS ABSOLUTOS Y RELATIVOS

Relativos

- Los actos jurídico procesales tienen requisitos para su existencia y validez. Cuando la ausencia de un presupuesto puede ser saneada o suplida por la convalidación, estamos frente a un presupuesto relativo.

Absolutos

- Cuando la ausencia de un presupuesto implica la inexistencia de la relación o la nulidad absoluta, estamos frente a un presupuesto absoluto.

PRESUPUESTOS PROCESALES JURÍDICO MATERIALES

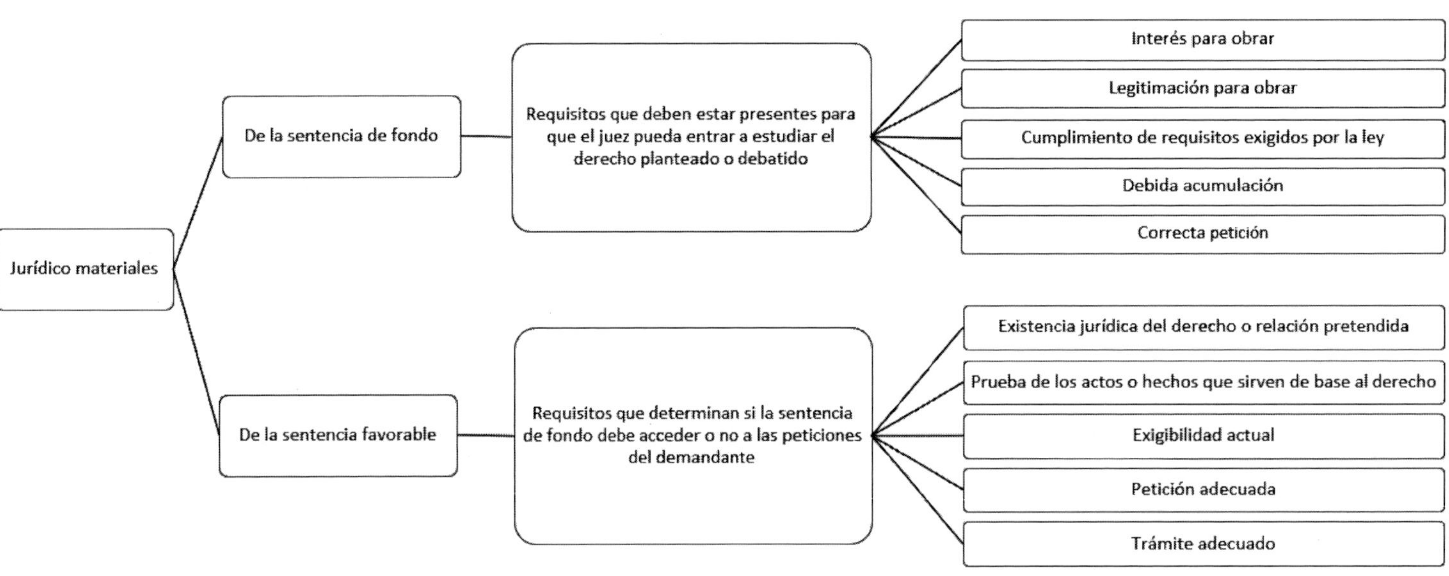

PRESUPUESTOS JURÍDICO MATERIALES DE LA SENTENCIA DE FONDO

Legitimación para obrar	• Implica que las personas que obran en el proceso como parte sean las idónes para discutir sobre el objeto de la litis; que sean o por lo menos puedan ser sujetos de la relación jurídica sustancial que se discute. Coloquialmente, responde a la pregunta "¿qué me importa?"
Interés para obrar	• Es la utilidad o perjuicio (moral o económico) que para las partes pueda representar las peticiones y la decisión que sobre ellas se adopte en la sentencia. Coloquialmente, responde a la pregunta "¿qué me gano?".
Cumplimiento de determinados actos exigidos por la ley	• En algunos casos la misma ley exige que para dictar sentencia de fondo se cumplan algunos actos previamente.
Correcta acumulación	• Refiere a que, bien sea la acumulación de pretensiones o la de sujetos, esta se haya sucedido en los términos que la ley regula estas posibilidades.
Correcta petición	• Hace relación a que la demanda debe ser clara y precisa para que el juez pueda saber con certeza qué es lo que se pide. No se debe confundir con la demanda en forma legal (presupuesto procesal previo al juicio).

PRESUPUESTOS JURÍDICO MATERIALES DE LA SENTENCIA FAVORABLE

Existencia jurídica del derecho o relación que se pretende	• Implica que el derecho o relación material debe ser de tipo jurídico; debe encontrarse respaldada por el derecho objetivo.
Prueba de los actos o hechos que sirven de base al derecho	• Se trata de acreditar el fundamento fáctico de la norma jurídica.
Exigibilidad actual del derecho	• El derecho no puede estar pendiente del acaecimiento de un plazo o condición.
Petición adecuada	• La demanda debe estar adecuada al derecho que se alega porque puede tenerse el derecho y haberse probado, pero haberse pedido otra cosa diferente.

SUJETOS DE LA RELACIÓN JURÍDICO PROCESAL

SUJETOS

El juez	•Es el funcionario público que, en representación del Estado, ejerce propiamente el poder jurisdiccional.
Las partes	•Sujeto que interviene en el proceso, mediante la exposición de su interés para obrar, para lograr de la jurisdicción una determinada declaración judicial.
Los terceros	•Todo aquel que no es parte.
Ministerio Público	•Es el órgano estatal que se encarga de velar por la salvaguarda de los derechos procesales de las partes y ejercer vigilancia sobre el devenir del proceso y el actuar judicial. •Representa los intereses de la justicia y la sociedad en general.
Los apoderados	•Son quienes tienen la habilitación legal de exponer ante el juez respectivo, la causa pretendida. Los abogados que representan a cada una de las partes en el proceso.

EL JUEZ

EL JUEZ

Noción	
Noción	• Es el funcionario encargado de recibir el proceso, admitirlo, dirigirlo e impulsarlo de forma tal que pase por sus diferentes etapas con la mayor celeridad y finalmente resolverlo mediante la sentencia. • El juez busca un fin diferente del querido por las partes; el juez busca la sentencia, mientras que las partes buscan la sentencia favorable a sus intereses. • El juez busca el interés del Estado.

LA COMPETENCIA

LA COMPETENCIA

Noción	• Es el funcionario encargado de recibir el proceso, admitirlo, dirigirlo e impulsarlo de forma tal que pase por sus diferentes etapas con la mayor celeridad y finalmente resolverlo mediante la sentencia. • El juez busca un fin diferente del querido por las partes; el juez busca la sentencia, mientras que las partes buscan la sentencia favorable a sus intereses. • El juez busca el interés del Estado.

CLASIFICACIONES DE LA COMPETENCIA

Absoluta o improrrogable y relativa o prorrogable	•Absoluta: En el proceso tiene primacía el interés público sobre el particular. Por regla general las personas no pueden acordar llevar su asunto al conocimiento de un juez diferente de aquel al que por ley corresponde. •Relativa: Aquellos casos en que la ley permite a las partes señalar competencia, con miras a hacer más fácil o económica su defensa, como cuando se ha pactado el lugar donde debe cumplirse la obligación.
Privativa y preventiva	•Privativa: Cuando es un determinado juez quien debe conocer del asunto y por ello excluye de forma absoluta a todos los demás. •Preventiva o concurrente: Cuando para el mismo asunto existen varios jueces igualmente competentes, pero el primero que conoce, previene en su conocimiento e impide a los demás para hacerlo. Inicialmente el demandante elige entre las opciones al juez competente y este, desde que conoce el asunto, adquiere competencia privativa.
Legal y por delegación	•Legal: La que el juez recibe directamente de la ley. •Por delegación: Cuando se le otorga en virtud de una comisión.
Interna y externa	•Interna: Consiste en la distribución de los asuntos entre los distintos magistrados de la misma sala de un tribunal o entre los distintos jueces de la misma rama y categoría dentro de un mismo territorio. Se convierte en una distribución equitativa de la carga laboral de los jueces, más que en una distribución de jurisdicción. •Externa: Determina cómo se distribuyen los asuntos entre los diferentes jueces y tribunales de la misma rama, en orden a establecer de qué asuntos conoce cada juez. De aquí derivan los factores de atribución de competencia.

FACTORES DE ATRIBUCIÓN QUE DETERMINAN LA COMPETENCIA EXTERNA

Objetivo	•Se deriva de la naturaleza del asunto o de la relación jurídica material objeto de la pretensión, o del valor económico de la pretensión o de ambos. •Aquí tenemos la competencia según la naturaleza del asunto y la cuantía.
Subjetivo	•Atiende a la calidad de las personas intervinientes en el proceso, como cuando es sujeto del proceso la Nación, un departamento o un municipio. De la misma forma, en tratándose de funcionarios diplomáticos.
Funcional	•Determina la clase especial de funciones que desempeñan, en un mismo proceso, los varios jueces de distinta categoría que conocen de él en diversos grados y etapas. •Es la distribución vertical de la jurisdicción y de la competencia, que también se denomina competencia por grados y hace referencia al principio de doble instancia y a los recursos extraordinarios de casación y revisión.
Territorial	•La ley ha distribuido el territorio en forma tal que a cada juez le corresponde alguna parte del mismo, lo que constituye su respectiva circunscripción territorial, dentro de la cual ejerce su jurisdicción y tiene competencia para conocer de aquellos asuntos que le corresponden de conformidad con los demás factores atributivos de competencia externa.
Conexidad	•No es propiamente un factor atributivo de competencia sino una modificación de esta cuando exista acumulación de pretensiones o de procesos. •Puede ser subjetiva, cuando una parte está formada por varias personas que pueden tener distinto fuero o domicilio, así como cuando se demanda a particulares y la Nación. •Puede ser objetiva cuando 1.Hay inmuebles en varias circunscripciones territoriales. 2.A un asunto con fuero real exclusivo se acumula una pretensión personal y el domicilio del demandado no coincide con la ubicación del inmueble 3.Para la ejecución o cumplimiento de sentencias, caso en el cual el juez de primera instancia es competente para conocer de la ejecución sin consideración de ningún otro factor.

EL FUERO

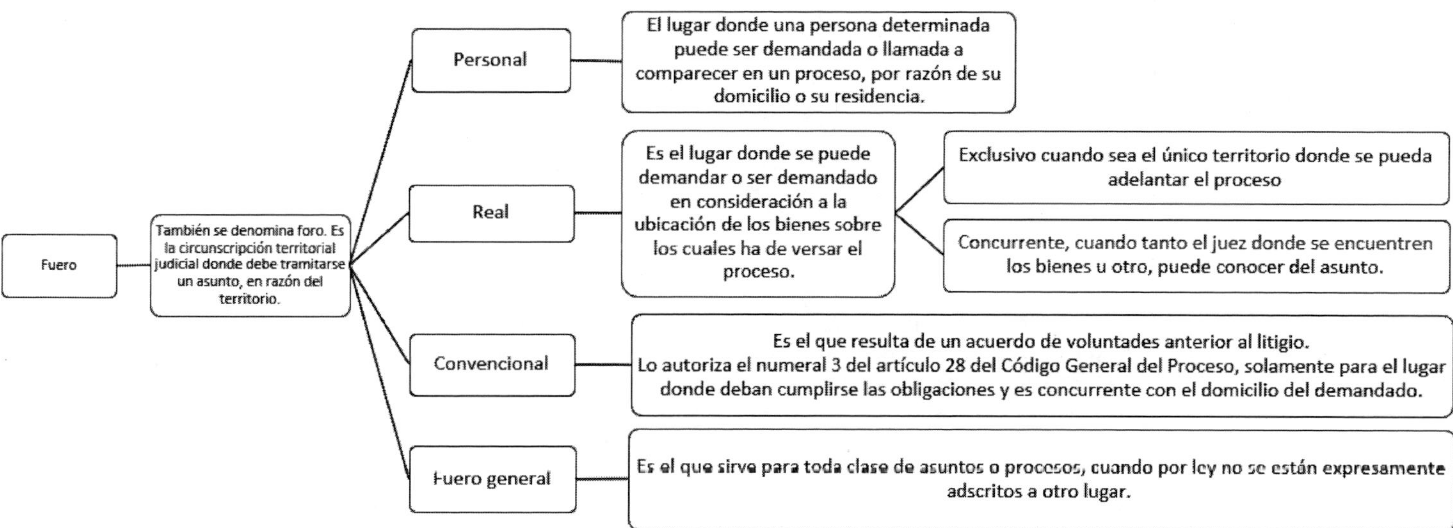
Fuero
También se denomina foro. Es la circunscripción territorial judicial donde debe tramitarse un asunto, en razón del territorio.
Personal
El lugar donde una persona determinada puede ser demandada o llamada a comparecer en un proceso, por razón de su domicilio o su residencia.
Real
Es el lugar donde se puede demandar o ser demandado en consideración a la ubicación de los bienes sobre los cuales ha de versar el proceso.
Exclusivo cuando sea el único territorio donde se pueda adelantar el proceso
Concurrente, cuando tanto el juez donde se encuentren los bienes u otro, puede conocer del asunto.
Convencional
Es el que resulta de un acuerdo de voluntades anterior al litigio.
Lo autoriza el numeral 3 del artículo 28 del Código General del Proceso, solamente para el lugar donde deban cumplirse las obligaciones y es concurrente con el domicilio del demandado.
Fuero general
Es el que sirve para toda clase de asuntos o procesos, cuando por ley no se están expresamente adscritos a otro lugar.

PERPETUATIO JURISDICTIONIS

Noción	• Consiste en que las circunstancias de hecho existentes en el momento de admitirse la demanda son las que determinan la competencia para todo el curso del proceso, sin que las modificaciones posteriores puedan alterarla. • No tiene operancia frente a nuevas leyes procesales y solo se aplica a las circunstancias de hecho que determinan la competencia en relación con el valor, el territorio y el domicilio.
Excepciones	• Son las siguientes y están consagradas en el artículo 27 del Código General del Proceso: • Cuando haya intervención sobreviniente de un agente diplomático o de un estado extranjero frente a los cuales la Corte Suprema de Justicia tenga competencia. • Por razón de la cuantía, los procesos contenciosos que se tramitan ante juez municipal, por causa de la reforma de la demanda, demanda de reconvención o acumulación de procesos o demandas. • Cuando el Consejo Superior de la Judicatura disponga que una vez en firme la sentencia, los expedientes deban remitirse a las oficinas de apoyo o ejecución, caso en el cual el juez de ejecución asumirá la competencia.

CONFLICTO DE COMPETENCIA

Noción	•Fenómeno procesal que consiste en que dos o más autoridades judiciales se disputan el conocimiento de un proceso, bien sea porque estiman que a ninguno le corresponde (conflicto negativo), o porque consideran que es de su exclusiva incumbencia (conflicto positivo).
Presupuestos de los conflictos de competencia entre jurisdicciones.	•La Corte Constitucional ha sostenido que para que este tipo de conflictos se configuren es necesario que se acrediten tres presupuestos: 1.Subjetivo: Que la controversia se presente entre por lo menos dos autoridades que administren justicia y formen parte de distintas jurisdicciones. 2.Objetivo: Implica que la disputa debe recaer sobre el conocimiento de una causa de naturaleza judicial, no política o administrativa 3.Normativo: Supone constatar que las autoridades en colisión hayan manifestado expresamente las razones de índole constitucional o legal, por las cuales consideran que son competentes o no para conocer del asunto concreto.
Diferencia entre los conflictos de competencia entre jurisdicciones y los conflictos de competencia dentro de una misma jurisdicción.	•El conflicto de competencias entre jurisdicciones implica una controversia entre autoridades de distintas jurisdicciones y lo resuelve la Corte Constitucional. •El conflicto de competencia al interior de una misma jurisdicción se presenta al interior de la misma especialidad jurisdiccional y por esta razón es resuelto por el superior jerárquico común de ambos jueces.

PLURALIDAD DE JUECES

Concepto	•Como hay multiplicidad de conflictos y situaciones que requieren de la intervención del juez, existe también pluralidad de jueces para resolverlos.
Simultánea	•Cuando dentro del mismo territorio hay varios jueces igualmente competentes. •Se resuelve mediante el reparto, que consiste en una forma de distribuir equitativamente la carga laboral de los jueces.
Sucesiva	•Cuando dos o más jueces conocen de un mismo asunto, pero uno a continuación del otro. •Se presenta por ejemplo en casos de doble instancia, donde un juez conoce hasta cierto momento (a-quo) y otro desde cierto momento (ad-quem).

LAS PARTES

CLASIFICACIONES DE LAS PARTES

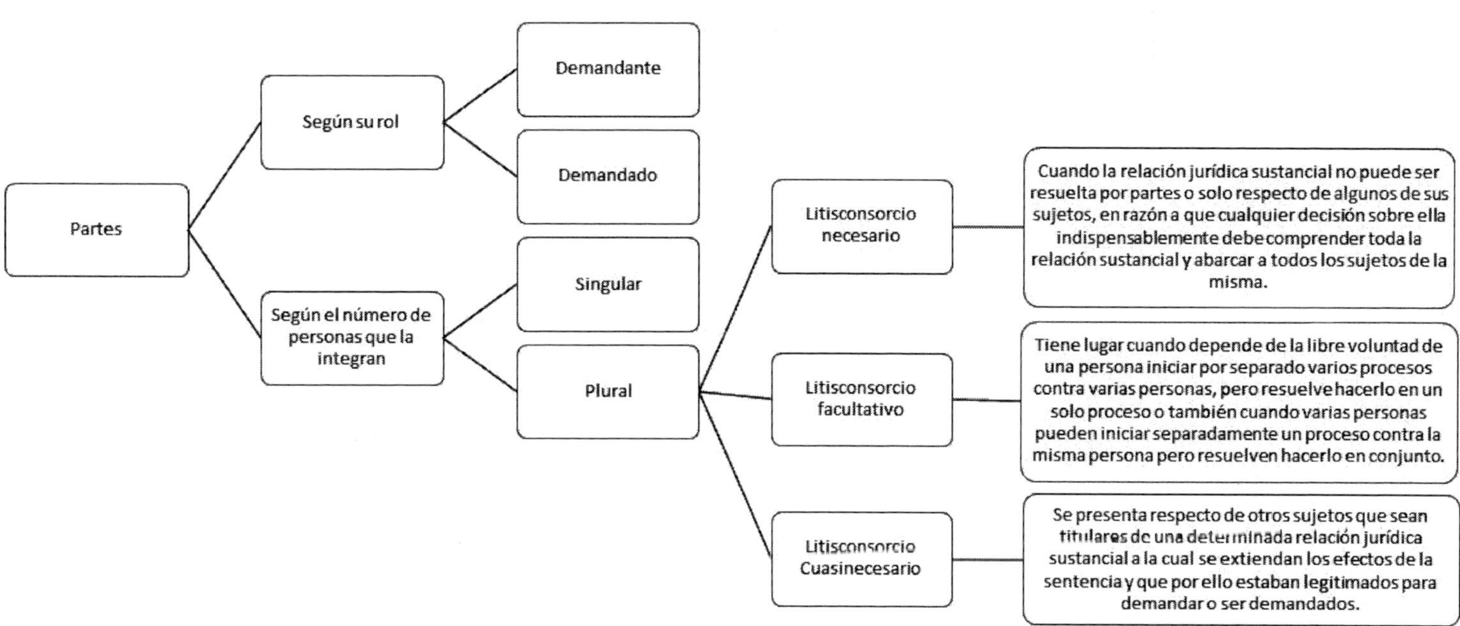

PARTES

Concepto	•Es parte procesal aquella persona que demanda o pretende o a cuyo favor se pide y también es parte procesal aquella persona a quien se demanda o contra quien se pide. •En materia penal, es la Fiscalía quien ejerce la acción penal en nombre del Estado y en defensa del bien jurídico tutelado.
Igualdad y contradicción	•Son principios fundamentales del derecho procesal, que tienen dos consecuencias principales: 1.Que dentro del proceso las partes deben gozar de igualdad de oportunidades para su defensa, lo cual se cumple con ofrecerles esa oportunidad aunque no la utilicen. 2.Que no son aceptables los procedimientos privilegiados.
Sucesión procesal	•Como el proceso implica una actividad jurídica que se extiende y prolonga en el tiempo, es posible que durante este ocurran modificaciones en cuanto a las personas que integran una parte, pero siendo esta siempre la misma. •Cambiarán las personas que integran la parte pero la parte como tal, no cambia.
Integración del contradictorio	•Cuando se advierte la existencia de un litisconsorcio necesario no integrado el juez debe proceder a citar al proceso a todas las personas que lo conforman.

OTRAS PARTES Y TERCEROS

OTRAS PARTES Y TERCEROS

Otras partes	• Son quienes no siendo parte de la relación jurídico procesal pueden llegar a intervenir en ella y por tanto a convertirse en parte. Ingresan al proceso por reconocérseles una calidad distinta de la litisconsorte, basada en una relación jurídica sustancial diferente, pero relacionada con la debatida.
Terceros	• Son simplemente quienes no tiene la calidad de parte procesal; quienes no son parte de la relación jurídico procesal pero que la ley habilita para intervenir en el proceso por tener un interés en el resultado del mismo.

MECANISMOS DE INTERVENCIÓN DE OTRAS PARTES Y TERCEROS

Mecanismo	Descripción
Intervención litisconsorcial	•Es la que corresponde al litisconsorcio cuasinecesario.
Intervención excluyente	•Se presenta cuando otra parte pretende para sí, en todo o en parte, la cosa o el derecho controvertido y alega sobre ello un derecho propio e independiente del que alegan las partes.
Llamamiento en garantía	•Es la citación que un sujeto, que afirma tener derecho legal o contractual para exigir de otro la indemnización de perjuicios que llegare a sufrir o el reembolso total o parcial del pago que tuviere que hacer como consecuencia de la sentencia, o quien tenga derecho al saneamiento por evicción, puede hacer para que dentro del mismo proceso se resuelva sobre esa relación.
Llamamiento de poseedor o tenedor	•Se presenta en el caso de que una persona sea demandada como poseedora o tenedora de un bien, pero que en realidad lo tenga a nombre de otra, por lo que debe denunciar dicha circunstancia para que se vincule al proceso al verdadero poseedor o tenedor
Coadyuvancia	•Es la que puede hacer un tercero que tenga con una de las partes una determinada relación sustancial a la cual no se extienden los efectos de la sentencia, pero que pueda verse afectada desfavorablemente si dicha parte es vencida.
Llamamiento de oficio	•Tiene lugar cuando el juez advierte colusión o fraude en el proceso, caso en el cual ordena la citación de los terceros que puedan resultar perjudicados por la maniobra.

EL MINISTERIO PÚBLICO

Noción	• Por definición constitucional es un órgano de control independiente que no pertenece a ninguna de las ramas del poder público ni tiene con relación a ellas subordinación o jerarquía alguna.
Función general	• Intervenir en los procesos en defensa del orden jurídico, del patrimonio público o de los derechos y garantías fundamentales. • Vigila el cumplimiento de las decisiones judiciales y defiende los intereses de la sociedad y los colectivos.
Naturaleza	• Es un sujeto con categoría especial en los procesos, que es independiente y diferente de la que ocupan los demas sujetos procesales. • Su finalidad es la defensa de la ley y la colaboración con los órganos que ejercen la jurisdicción para un mayor acierto en sus decisiones.

CAPACIDAD, REPRESENTACIÓN Y POSTULACIÓN PROCESALES

CAPACIDAD, REPRESENTACIÓN Y POSTULACIÓN PROCESALES

Condiciones para actuar válidamente en el proceso	•Para poder actuar en el proceso deben cumplirse los presupuestos procesales del ejercicio del derecho de acción, excepto el referente a la caducidad.
Capacidad para ser parte	•Ser parte en el proceso equivale a ser parte en la relación jurídico procesal y por tanto la capacidad requerida es la necesaria para cualquier relación jurídica material. •Es la misma capacidad jurídica general o capacidad de goce.
Capacidad procesal	•Es la capacidad para comparecer al proceso por sí mismo y se identifica con la capacidad de ejercicio. •Cuando se habla de personas jurídicas o hijos de familia, estos tienen capacidad procesal en la medida en que lleguen al proceso debidamente representados.
Debida representación	•Hijos de familia: La ejerce cualquiera de los padres que ejerza la patria potestad. •Personas jurídicas: La ejerce el representante legal inscrito en el registro público correspondiente.
Debida postulación	•El derecho de postulación es el que se tiene para actuar en los procesos como profesional del derecho, ya sea en causa propia o en causa ajena como apoderado de otro. •La intervención por medio de abogado se hace a través del otorgamiento de un poder o mandato (acto de apoderamiento).

EL PODER

Otorgamiento, aceptación y sustitución	•Podrá ser especial o general, cada uno con la observancia de sus formalidades. Hoy en día se permite incluso que se otorgue poder por medios virtuales o de viva voz. •Como el mandato judicial es voluntario, requiere de aceptación del mandatario, que puede ser expresa o tácita, en el caso de su simple ejercicio. •El apoderado puede sustituir el poder siempre que no se le haya prohibido.
Renuncia	•El apoderado puede renunciar al poder o a la sustitución de éste. •La renuncia al poder solo pone fin al mandato cinco días después de que se haya presentado ante el despacho judicial con la acreditación de haberse comunicado debidamente al poderdante.
Extinción y Revocación	•La muerte del mandante o la extinción de la persona jurídica no pone fin al poder si ya se ha presentado la correspondiente demanda. •El poder puede ser revocado por los herederos o sucesores de la persona que lo confirió. •La revocatoria de poder pone fin al mismo de manera inmediata.
Facultades y restricciones	•El acto de apoderamiento comportará las facultades y restricciones previstas en la ley y cualquiera otra adicional que se incluya expresamente por voluntad del poderdante.

OTRAS MODALIDADES DE INTERVENCIÓN DE ABOGADOS

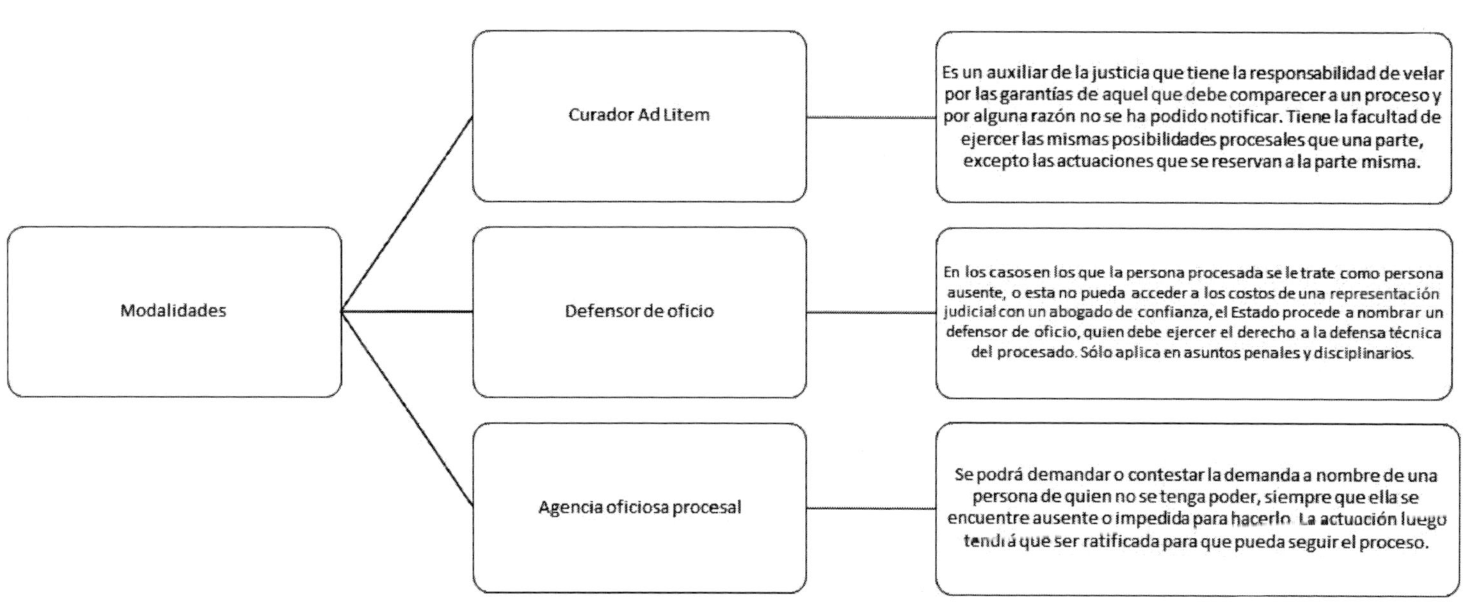

SEGUNDA PARTE

DESARROLLO DEL PROCESO

En esta parte se presenta el proceso en sí mismo, cómo se inicia, cómo se desarrolla, qué incidencias tiene, cómo se resuelve y en qué forma puede o debe terminar.

DESARROLLO DEL PROCESO

Actos Procesales

- El proceso se desarrolla sobre la base de actos ejecutados por los sujetos de la relación jurídico procesal, que por consiguiente son actos jurídicos que producen consecuencias procesales.
- Cuando hay relación entre el acto y el proceso se está frente a un acto jurídico procesal.
- Los actos jurídico procesales son formales.

Hechos Procesales

- Son circunstancias que no se originan en la voluntad del agente, pero ocurren dentro del proceso y tienen efectos en él.

Formas Procesales

- Refieren a las condiciones de tiempo, modo y lugar en que deben ejecutarse los actos procesales.
- La ley señala las formalidades que deben revestir los actos procesales y por ello ni el juez ni las partes pueden escoger libremente cuándo, cómo y dónde realizarlos.
- Son las "formas propias de cada juicio".

ACTOS DE INICIACIÓN PROCESAL

ACTOS PROCESALES DE INICIACIÓN

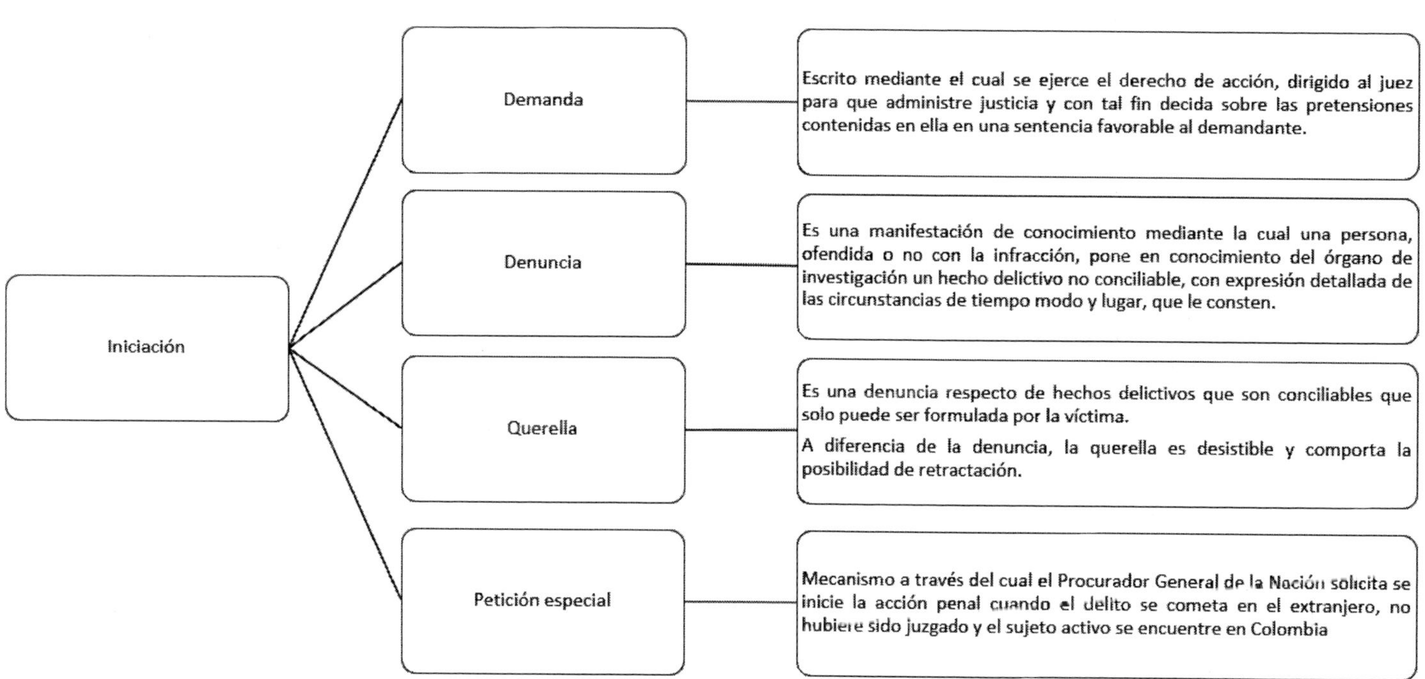

LA PRETENSIÓN

LA PRETENSIÓN

Noción	• Es el fin concreto que persigue el demandante con el ejercicio de su derecho de acción.
Elementos	• Sujetos: son el demandante y el demandado. • Objeto: es el efecto jurídico anhelado por el demandante; es la sentencia favorable. • Razón: es el fundamento que se le da, tanto como relato histórico de las circunstancias, como la conformidad de ellas con las normas de derecho sustancial.
Clasificación	• La pretensión se puede clasificar en los términos en que se clasifica la acción según el fin perseguido. Así habrá pretensiones, declarativas, de juzgamiento, ejecutivas, cautelares, represivas, singulares, colectivas, contenciosas y voluntarias.

LA DEMANDA

CALIFICACIÓN DE LA DEMANDA

Admisión	• Hay lugar a ella cuando el juez encuentra cumplidos todos los presupuestos procesales para el ejercicio del derecho a la acción y previos al juicio.
Inadmisión	• Sucede cuando el juez encuentra el incumplimiento de presupuestos o requisitos que son subsanables.
Rechazo	• Habrá rechazo cuando el juez encuentra el incumplimiento de presupuestos o requisitos que no son subsanables.

EFECTOS DE LA PRESENTACIÓN DE LA DEMANDA

Jurídico procesales	• Son los que se producen respecto de la relación juridico procesal que nace a propósito del proceso.
Jurídico materiales	• Son los que se producen sobre el derecho o relación juridica material objeto del proceso.

PRESCRIPCIÓN Y CADUCIDAD

Caducidad	• Es el plazo prefijado para intentar la acción judicial, de manera que una vez transcurrido este sin el actuar de su titular, se produce fatalmente el resultado de extinguir dicha acción.
Prescripción	• Es el fenómeno mediante el cual el ejercicio de un derecho se adquiere o se extingue con el solo transcurso del tiempo de acuerdo a las condiciones descritas en las normas que para cada situación se dicten, bien sea en materia adquisitiva o extintiva.

LA OPOSICIÓN

LA OPOSICIÓN

Noción	•Se identifica con el derecho de defensa frente a las pretensiones del demandante; es el mismo derecho de acción, pero visto desde el ángulo del demandado.
Elementos	•Sujeto: son el demandado y el Estado. •Objeto: una sentencia desfavorable al demandante. •Razón: es el fundamento de la misma. Es el conjunto de acontecimientos de donde el demandado deduce su derecho y la afirmación de que el derecho no le asiste al demandante.
Formas de ejercerla	•Indiferente: ni comparece al proceso ni contesta la demanda, no obstante haber citado. •Pasiva: interviene y contesta la demanda, pero sin asumir una actitud ni en favor ni en contra de las pretensiones. •Negativa: interviene, contesta la demanda y niega el derecho del demandante y los hechos de donde pretende derivarlo. •Positiva: interviene, contesta la demanda, niega los hechos y el derecho de la demanda y además formula excepciones. •Activa: ejerce una oposición positiva y adicionalmente presenta demanda de reconvención. •Allanamiento: es el reconocimiento de ser ciertos los hechos de la demanda y la aceptación plena del derecho sustancial del demandante.

LA CONTESTACIÓN DE LA DEMANDA

LA CONTESTACIÓN DE LA DEMANDA

Concepto	• Es el mecanismo a través del cual se ejerce la oposición.
Requisitos formales	• La contestación debe formularse dentro del término dispuesto por la ley para cada proceso, por escrito o verbalmente, y cumpliendo los requisitos de carácter formal que la misma ley indique según el asunto del cual se trata y la forma de oposición que se vaya a ejercer.
La contestación como carga procesal	• Contestar la demanda no es obligatorio, sin embargo no hacerlo o hacerlo de forma deficiente, acarrea consecuencias desfavorables para el demandado.

LAS EXCEPCIONES

Noción

- Son las razones que el demandado opone al demandante para enervar temporal o definitivamente sus pretensiones.

CLASIFICACIÓN DE LAS EXCEPCIONES

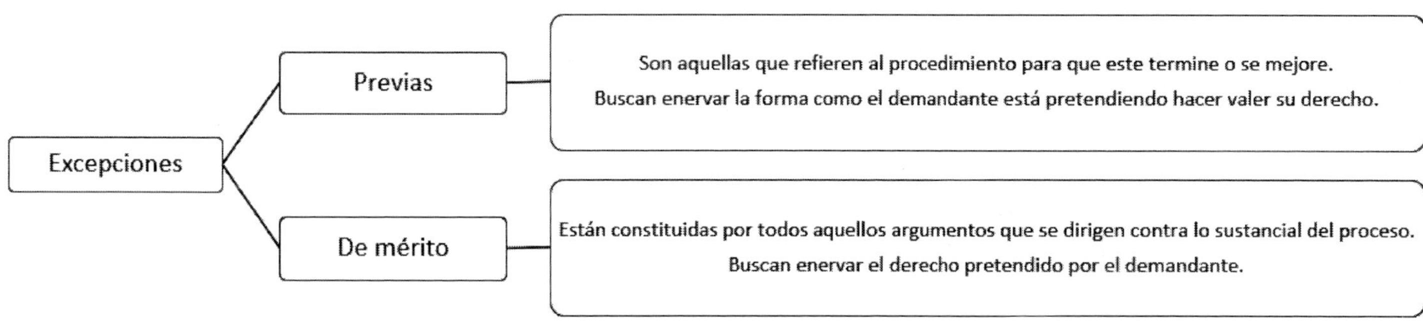

EL ALLANAMIENTO

Requisitos

- Que los hechos sean susceptibles de ser probados por confesión.
- Que el demandado tenga capacidad dispositiva.
- Que el derecho sea susceptible de disposición.
- Que la sentencia no deba producir efectos de cosa juzgada respecto de terceros.
- Cuando existe litisconsorcio necesario, que provenga de todos los demandados.
- Que no haya colusión o fraude.

Efectos

- Se pone fin a la controversia pues se la deja sin objeto.
- No hay necesidad de practicar pruebas pues ya no hay punto de debate o controversia que dirimir.
- Se puede pasar directamente a dictar sentencia.
- La sentencia será desfavorable para quien se allana.
- Cuando la parte demandada sea la Nación, un departamento o un municipio, el allanamiento deberá provenir del representante de la Nación, del gobernador o del alcalde respectivo.
- Cuando el allanamiento no se refiera a la totalidad de las pretensiones de la demanda o no provenga de todos los demandados, el juez proferirá sentencia parcial y el proceso continuará respecto de las pretensiones no allanadas y de los demandados que no se allanaron.

DEMANDA DE RECONVENCIÓN

Concepto	• Consiste en una demanda que que el demandado dirige conta el demandante, con base en pretensiones propias, conexas con las del demandante; también se llama contrademanda.
Requisitos y calificación	• Como se trata de una verdadera demanda, debe cumplir con todos los requisitos propios de este acto jurídico procesal. • Su calificación se hará bajo los mismos criterios de admisión, inadmisión o rechazo de la demanda inicial.
Decisión	• La demanda de reconvención se resolverá en la misma sentencia que resuelva la demanda inicial.

ACTOS PROCESALES DE IMPULSIÓN Y TRÁMITE

ACTOS PROCESALES DE IMPULSIÓN Y TRÁMITE

Noción

- Son los que tienen por finalidad hacer pasar el proceso por sus diferentes etapas o eventos.
- De conformidad con el principio de impulsión oficiosa del proceso, una vez iniciado este, el juez y el secretario deben impulsar su marcha.
- A pesar de ello, hay actos que corresponden privativamente a las partes, como la solicitud de remate, la expedición de copias, el trámite de notificación en algunos ordenamientos procesales, entre otros.

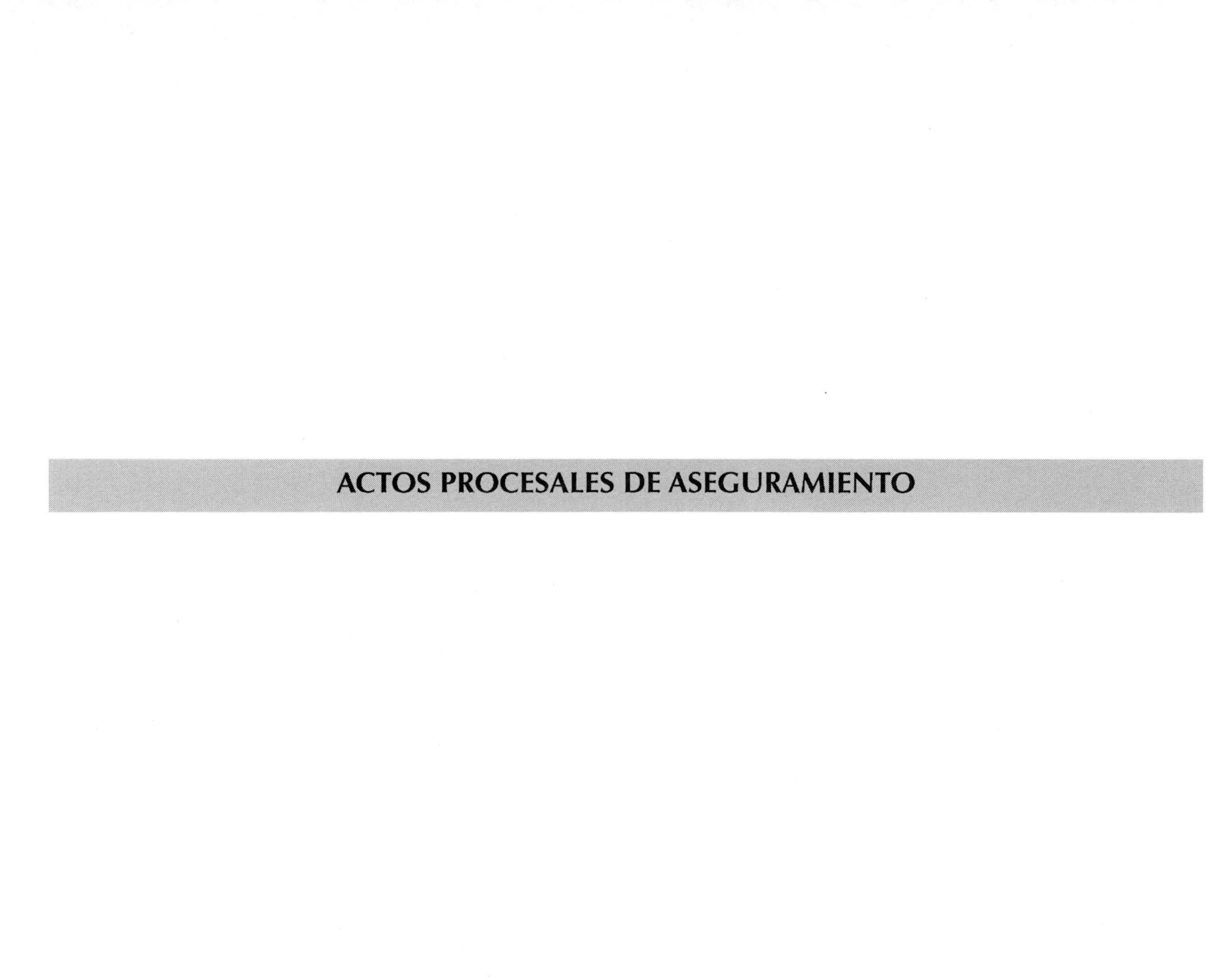

ACTOS PROCESALES DE ASEGURAMIENTO

ACTOS PROCESALES DE ASEGURAMIENTO

Noción

- Son aquellas medidas que puede adoptar el juez respecto de personas, pruebas o bienes que pueden resultar afectados por la demora en las decisiones que se tomen dentro del juicio, siempre con carácter provisional y tendientes a asegurar el cabal cumplimiento de las determinaciones que se adopten por el juez, y especialmente, de la sentencia una vez ejecutoriada.

Clasificación

- Personales o reales
  1. Las personales, son medidas que recaen sobre las personas como el arraigo judicial, la prohibición de salir del país o la detención preventiva del sindicado.
  2. Las reales, son medidas que recaen sobre las cosas, como la inscripción de la demanda, el secuestro, el embargo, la prohibición de enajenar bienes, entre otras.
- Nominadas o innominadas
  1. Las nominadas son aquellas que la ley expresamente contempla y reglamenta.
  2. Las innominadas son aquellas que no están expresamente definidas en la ley, pero que el juez puede adoptar como medidas razonables para la protección del derecho o garantizar el cumplimiento de la sentencia.

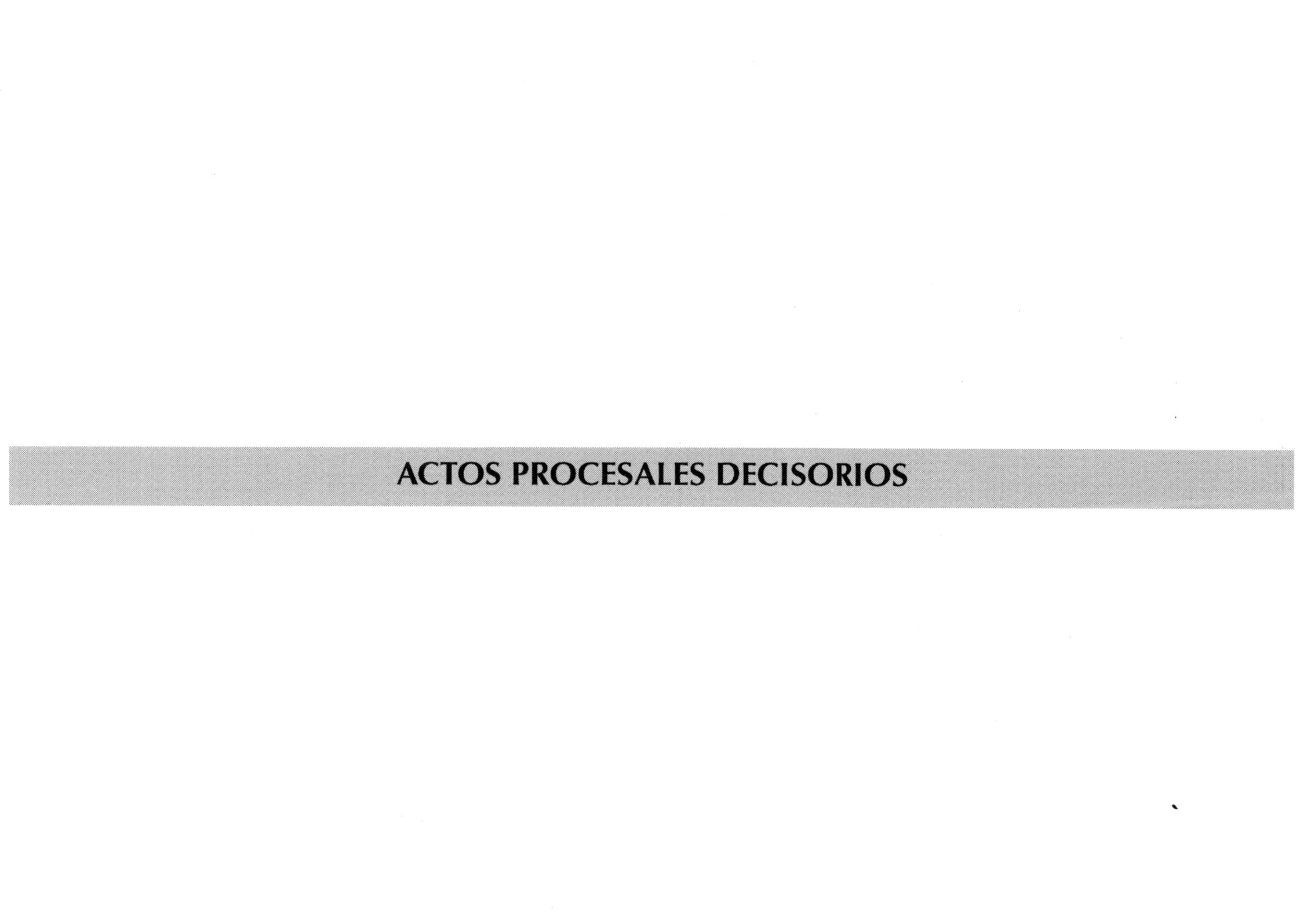

ACTOS PROCESALES DECISORIOS

ACTOS PROCESALES DECISORIOS

Noción	• Le corresponde al juez dirigir y decidir el proceso, para lo cual dispone de los cuatro poderes fundamentales: decisión, coerción, documentación y ejecución, cuyo ejercicio lo logra a través de los actos procesales decisorios adecuados.
Clasificación	• Sentencias: Son aquellos actos que resuelven la instancia y los que resuelven los recursos de casación y revisión. • Autos: Son todas las decisiones del juez que no son sentencias. Pueden ser de sustanciación o trámite, que se utilizan para dar curso progresivo a la actuación y se refieren a la mecánica del proceso; o interlocutorios, que deciden sobre cuestiones distintas al simple trámite del proceso y en esa medida, deben tener una debida motivación que sustente la resolución adoptada. • Resoluciones: En materia penal, son las providencias que profiere el fiscal y también pueden ser, como los autos, interlocutorias o de sustanciación.

FORMA Y CONTENIDO DE LAS PROVIDENCIAS

La congruencia	•Principio conforme al cual la sentencia debe estar de acuerdo con los hechos y las pretensiones aducidos en la demanda y con las excepciones propuestas o que aparezcan probadas. •Se cumple cuando existe identidad jurídica entre lo pedido y lo resuelto. •No cumplirla puede producir los fenómenos de ultra-petita (cuando se otorga cuantitativamente más de lo pedido), extra-petita (cuando se concede algo adicional o distinto a lo pedido o por una causa distinta de la invocada) y citra-petita (cuando deja de pronunciarse sobre algún asunto expuesto en el proceso o sobre el que por ley esté obligado a pronunciarse).
Ejecutoria de las providencias	•Providencia ejecutoriada es lo mismo que providencia en firme. •La providencia ejecutoriada ya no admite recursos judiciales y se puede exigir su cumplimiento. •Consiste en una característica de los efectos jurídicos de las providencias judiciales que se reconocen por la imperatividad y obligatoriedad, cuando frente a dichas determinaciones: 1.No procede recurso alguno. 2.Cuando se omite la interposición de los recursos dentro del término legal previsto. 3.Cuando una vez interpuestos los recursos, estos se hayan decidido.
Aclaración, adición y corrección	•El juez no está exento de cometer errores en sus providencias. Así, el ordenamiento contempla las figuras de la aclaración, adición y corrección de ellas. •Aclaración: Tiene lugar cuando en la providencia existen conceptos o frases que ofrecen verdadero motivo de dudas. •Adición: Tiene lugar cuando el juez ha omitido decidir sobre alguna materia o punto sobre el cual ha debido pronunciarse. •Corrección: Tiene lugar cuando el juez ha incurrido en un error puramente aritmético o cuando ha cometido un error por cuenta de un cambio de letras o de palabras, o por omisión de estas, siempre que el error esté contenido en la parte resolutiva o influya en ella.

LA COSA JUZGADA

Noción	• Institución que busca que la decisión que el juez adopta en la sentencia, constituya para ese caso específico, la voluntad concreta y definitiva del legislador.
Objeto	• Es la inmutabilidad y definitividad de la decisión del juez; producir certeza plena.
Relatividad de la cosa juzgada	• La fuerza vinculante se limita a quienes fueron parte en el proceso y sus causahabientes y sucesores a título universal o singular. • La regla general es que la cosa juzgada es relativa y solo por excepción produce efectos erga omnes.
Límites de la cosa juzgada	• Objetivo: Hace relación al objeto sobre el cual versó el proceso. No podrá reabrirse un proceso con el mismo objeto (misma pretensión aunque no sea idéntica) o con identidad de fundamento. • Subjetivo: Hace relación a las partes en sentido procesal, por lo que los efectos se extienden a los sucesores y causahabientes. No podrá reabrirse el mismo debate entre las mismas partes.
Excepciones a la cosa juzgada	• Son prácticamente las mismas causales del recurso extraordinario de revisión. • De lo anterior, se desprende que la sentencia debe ser justa, fundada en realidades y no que sea fruto de un proceso amañado o fundado en la mala fe, aunque haya sido tramitado en forma legal.
Modificación de la cosa juzgada	• Es posible modificar lo resuelto por la sentencia cuando los derechos reconocidos son de libre disposición de las partes y estas son plenamente capaces o están autorizadas.

SENTENCIAS QUE NO CONSTITUYEN COSA JUZGADA

No constituyen cosa juzgada

- Las que se dicten en procesos de jurisdicción voluntaria, salvo las que por su naturaleza no sean susceptibles de ser modificadas.
- Las que decidan situaciones susceptibles de modificación mediante proceso posterior por autorización expresa de la ley.
- Las que declaren probada una excepción de carácter temporal que no impida iniciar otro proceso al desaparecer la causa que dio lugar a su reconocimiento.

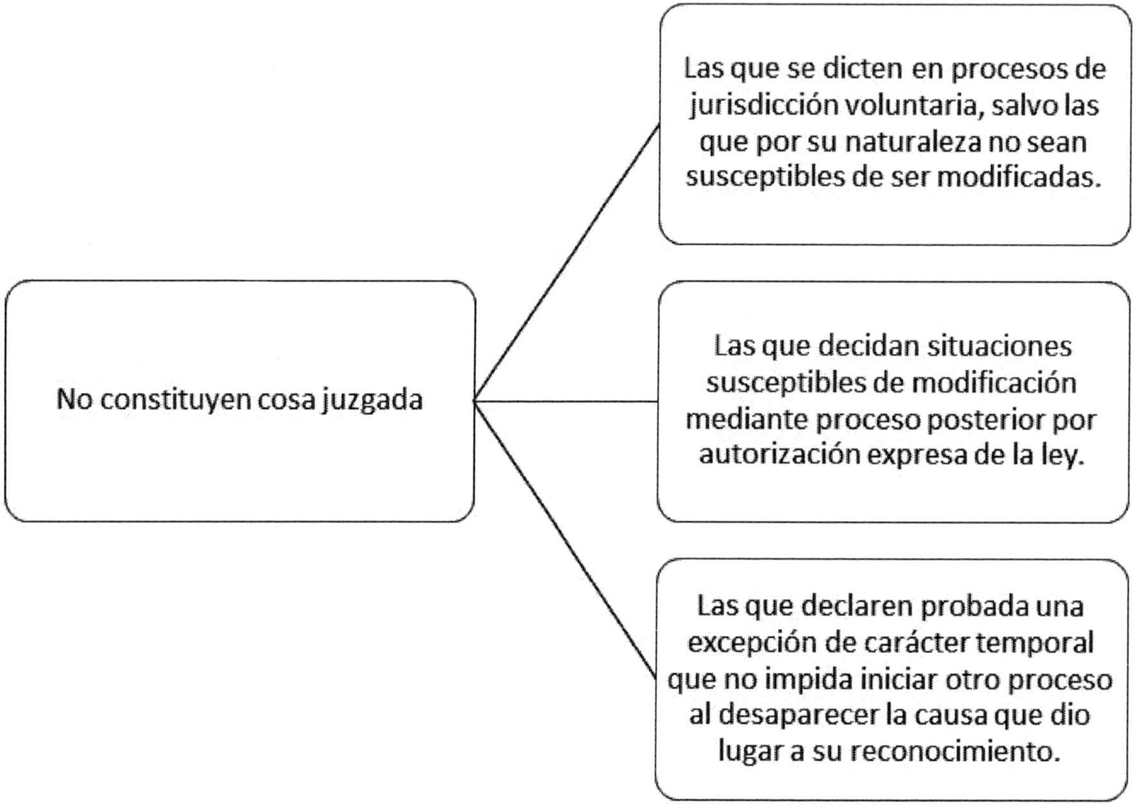

LA PREJUDICIALIDAD

LA PREJUDICIALIDAD

Concepto	•Existe prejudicialidad, cuando en el proceso se presenta una cuestión sustancial diferente, pero conexa con éste, que sea indispensable resolver previamente por sentencia, en proceso separado.
Clases	•De competencia: Cuando ambos procesos corresponden a jueces de la misma especialidad jurisdiccional aunque sean de diferente grado. •De jurisdicción: Cuando ambos procesos corresponden a jueces de diferente especialidad jurisdiccional.
Suspensión y reanudación del proceso	•Cuando se presenta un caso de prejudicialidad, el proceso debe suspenderse hasta que el otro se resuelva. •La suspensión se decreta mediante auto que reconoce la prueba de la existencia del proceso que la determina. •La suspensión solo procede cuando el proceso que haya de suspenderse se encuentre en estado de dictar sentencia, por lo que se debe impulsar el proceso hasta ese punto. •Existen límites temporales a dicha suspensión, que cambian según la especialidad o la jurisdicción de la que se trate.

ACTOS PROCESALES DE COMUNICACIÓN

DEL JUEZ

Comunicación del Juez
Con las partes
Autos
Sentencias
Con terceros
Oficios
Boletas
Con otras autoridades
Oficios
Despachos comisorios
Exhortos
Cartas rogatorias

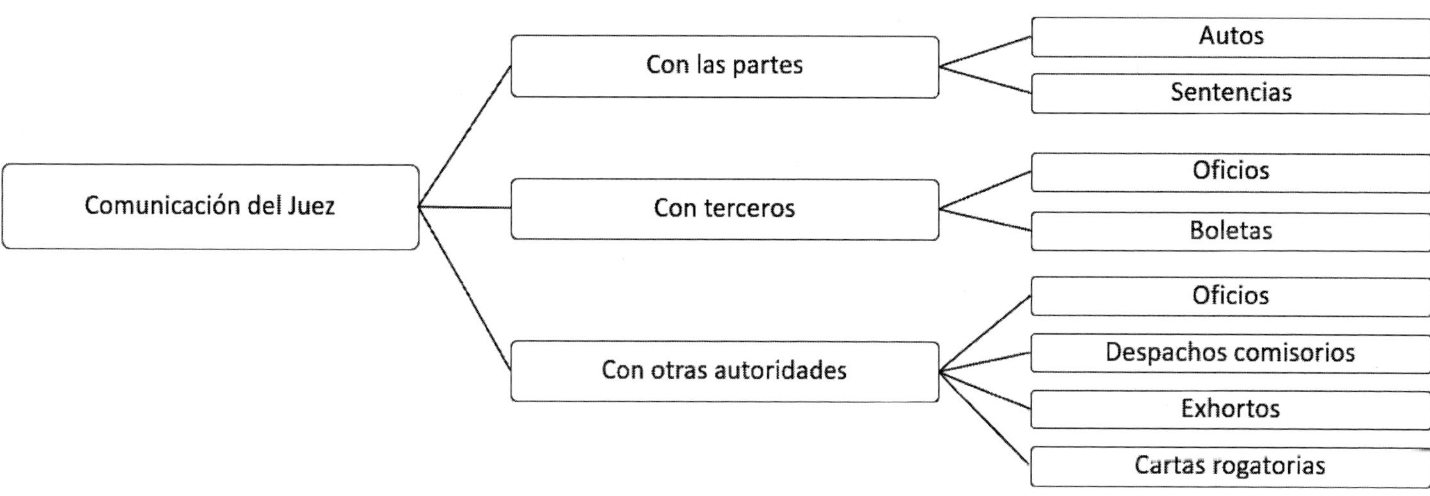

LAS NOTIFICACIONES

Noción

- Las notificaciones son aquellos actos por medio de los cuales se pone en conocimiento de las partes, de los terceros o de otras autoridades las providencias y órdenes que adopte el juez, relacionadas con el proceso.
- Con ellos, se cumple el principio de publicidad del proceso previsto en el artículo 228 de la Constitución, evitándose así que las providencias sean secretas, que se adopten en desconocimiento del derecho de defensa y con la obvia consecuencia de la imposibilidad de la impugnación.
- Por regla general, ninguna providencia puede producir efectos sin haber sido notificada.

MODALIDADES DE NOTIFICACIÓN

Personal	• Es la que se efectúa informando directa e inmediatamente al interesado la existencia de determinada providencia. • La ley indica qué providencias deben notificarse personalmente.
En estrados	• Es el mecanismo de notificación que se concreta cuando en el marco de una audiencia o diligencia, las providencias que va adoptando el juez se van comunicando a los intervinientes. A raíz de que asistir a las audiencias y diligencias es una carga procesal, no estar presente en la audiencia o diligencia no altera el trámite de notificación ni genera irregularidades procesales.
Mediante anotación en estado	• La notificación por estado es una forma de notificación por acto secretarial, que se cumple por medio de la inserción de los datos de la providencia en un estado que diariamente elaborará el secretario y se fijará en lugar visible del juzgado, o virtualmente, durante la jornada hábil del día en que se produce.
Por conducta concluyente	• Cuando el juez pueda derivar, de la conducta o el actuar procesal de las partes, que conocen determinada providencia.
Por aviso	• Es un mecanismo de notificación que se hará por medio del envío de un aviso que deberá contener la información de la providencia y del despacho, que deberá surtirse con la entrega de las copias del traslado respectivo en caso de que se trate de una providencia que corra un traslado.

EMPLAZAMIENTO

Concepto	• Es el requerimiento o convocatoria que se hace a una persona para que comparezca ante una autoridad judicial, dentro del término que se le designe, con el objeto de realizar un acto necesario para el proceso.
Realización	• Se realiza mediante la inclusión del nombre del sujeto emplazado, las partes, la clase del proceso y el juzgado que lo requiere en el Registro Nacional de Personas Emplazadas.

LOS TÉRMINOS

TÉRMINOS

Noción	•Es un plazo señalado por la ley o por el juez para que dentro de él se realice algún acto procesal, ya sea por las partes, ya por un tercero o ya por el juez o sus dependientes. Refiere a las condiciones de tiempo en que se deben ejecutar los actos jurídico procesales.
Clasificación	•Legales: Son aquellos términos que están establecidos directamente en la ley procesal. Son improrrogables por regla general. •Judiciales: Son aquellos que son fijados por el juez, en ausencia de término legal o por autorización de la ley. Son prorrogables por una sola vez siempre que se sustente una justa causa y la solicitud se formule con anterioridad al vencimiento del término.
Cómputo	•Todo término comienza a correr a partir del día siguiente al de la notificación del auto que lo conceda; cuando sea común a varias partes solo corre a partir del día siguiente al de la última notificación. •Cuando el término se conceda en audiencia a quienes estaban obligados a concurrir a ella, correrá a partir de su otorgamiento. •Cuando se recurra una providencia que concede un término, el mismo solo empezará a correr al día siguiente del auto que resuelva sobre dicho recurso. •Los términos deben correr ininterrumpidamente.
Renuncia	•Los términos son renunciables total o parcialmente por la persona en cuyo favor se conceden. •Debe entenderse que son renunciables los términos que están corriendo y los que empezarán a correr, pero que ya estén concedidos. •No son renunciables los términos futuros, aún no concedidos.

TÉRMINOS

Suspensión del término	• El proceso o la actuación se suspende por orden del juez. Puede suceder a petición de las partes o por las causas expresamente contempladas en la ley. • El término se detendrá y reanudará desde el momento en que había quedado, sin que el mismo vuelva a correr desde el principio.
Interrupción del término	• El proceso o la actuación posterior a este se interrumpe ipso-facto a partir de la ocurrencia de cualesquiera de las causales que determine la ley. • Cuando se interrumpe el término, este volverá a iniciarse desde el comienzo a partir del momento en que la causal de interrupción haya cesado.

ACTOS PROCESALES DE IMPUGNACIÓN

LOS RECURSOS

Noción	•Recurso es la petición formulada por una de las partes para que el mismo funcionario u otro, revise una providencia con el fin de corregir los errores que ella pueda contener. •Son la materialización del principio de impugnación.
Justificación	•Las determinaciones del juez son obras humanas susceptibles de errores, por ello el legislador ha instituido los recursos como un mecanismo de perfectabilidad de las providencias. •Los actos procesales pueden adolecer de vicios que pueden ser, fundamentalmente de dos clases: de fondo o de forma. Para corregir los vicios de fondo que implican una injusticia o una ilegalidad del acto se prevén los recursos; para corregir los de forma se preven las nulidades.
Requisitos generales	•Oportunidad: a partir de los principios de eventualidad y preclusión la ley establece las oportunidades para recurrir y los términos para hacerlo. •Fundamentación: el reclamante debe motivar su impugnación indicando la explicación de su inconformidad y formulando la crítica a la providencia •Copias: en algunos casos y por el tipo de recurso, la ley exige la expedición de copia de algunas partes del trámite para la tramitación de la impugnación.

LOS RECURSOS

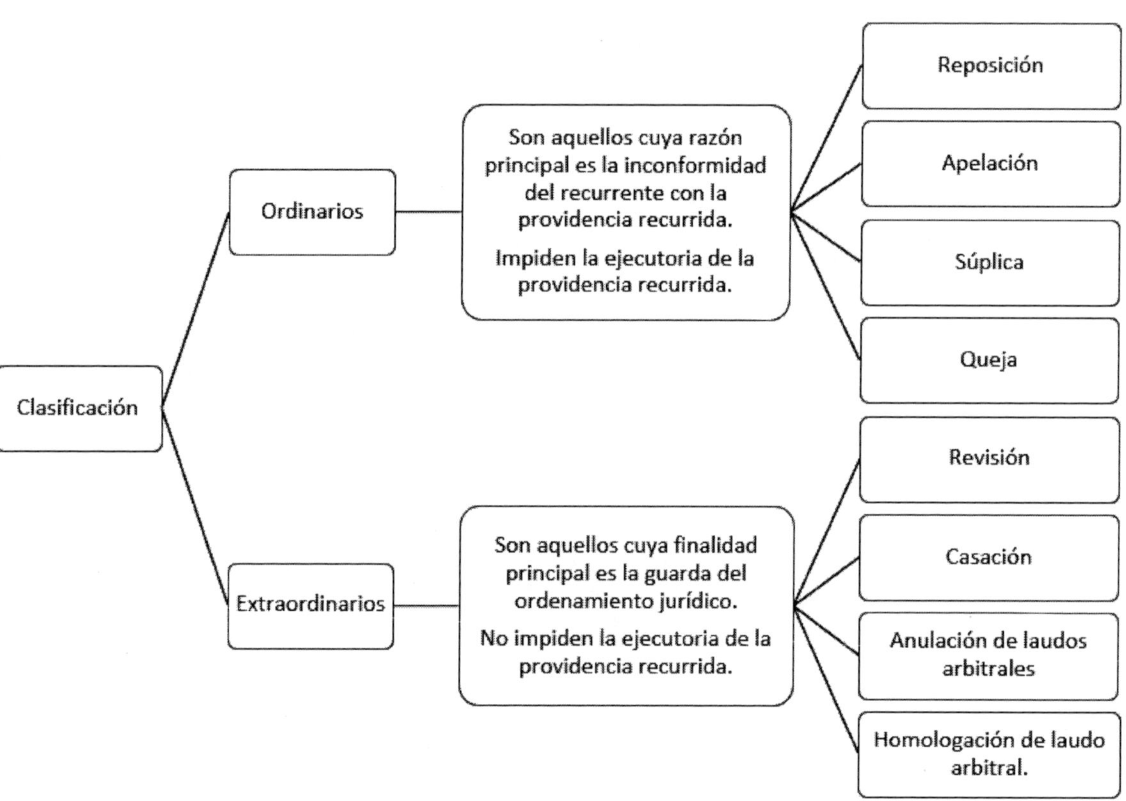

REPOSICIÓN

Noción	• Recurso ordinario que consiste en solicitarle al mismo funcionario que dictó la providencia que la revise para revocarla o reformarla.
Procedencia	• Salvo norma en contrario, procede contra todos los autos que dicte el juez, contra los que dicte el magistrado sustanciador no susceptibles de súplica y contra los de las salas de casación de la Corte Suprema de Justicia.

APELACIÓN

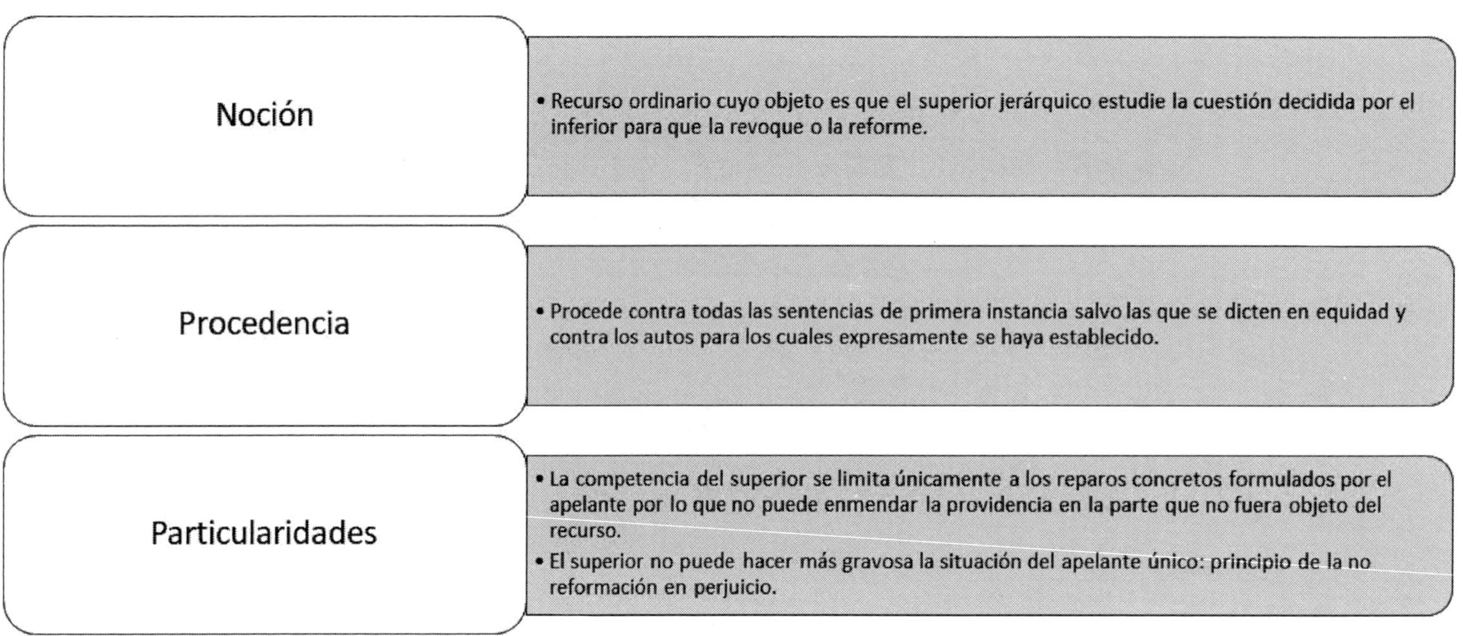
Noción
• Recurso ordinario cuyo objeto es que el superior jerárquico estudie la cuestión decidida por el inferior para que la revoque o la reforme.
Procedencia
• Procede contra todas las sentencias de primera instancia salvo las que se dicten en equidad y contra los autos para los cuales expresamente se haya establecido.
Particularidades
• La competencia del superior se limita únicamente a los reparos concretos formulados por el apelante por lo que no puede enmendar la providencia en la parte que no fuera objeto del recurso.
• El superior no puede hacer más gravosa la situación del apelante único: principio de la no reformación en perjuicio.

SÚPLICA

Noción	• Recurso ordinario que se interpone ante los restantes magistrados de una sala de decisión para que revisen ciertos autos dictados por el magistrado sustanciador que por su naturaleza serían apelables.
Procedencia	• Procede contra los autos proferidos por el magistrado sustanciador en el curso de la segunda o única instancia o durante el trámite de la apelación de un auto; contra los autos que en el trámite de los recursos extraordinarios de casación o revisión profiera el magistrado sustanciador y contra el auto que resuelva sobre la admisión del recurso de apelación o de casación.

QUEJA

Noción	• Recurso ordinario cuya finalidad consiste en solicitarle al superior que conceda el recurso de apelación o casación que ha sido negado por el inferior. • En materia penal y laboral también se denomina "recurso de hecho".
Procedencia	• Procede contra el auto que no concede el recurso de apelación o de casación. • Debe interponerse en subsidio del recurso de reposición contra ese mismo auto.

REVISIÓN

Noción	• Recurso extraordinario cuya finalidad es eliminar del ordenamiento jurídico sentencias inicuas producto de delitos, culpas, negligencias, vivezas o torpezas. • Es el mecanismo para aniquilar los efectos de una sentencia ejecutoriada dictada injustamente, para poder reabrir el debate y eliminar del proceso los vicios que la hicieron injusta.
Procedencia	• Procede contra cualquier sentencia ejecutoriada.

CASACIÓN

Noción	•Recurso extraordinario que tiene primordialmente un fin de orden público consistente en defender la unidad e integridad del ordenamiento jurídico, lograr la eficacia en el derecho interno de los instrumentos internacionales suscritos por Colombia, proteger los derechos constitucionales, controlar la legalidad de los fallos y unificar la jurisprudencia nacional.
Procedencia en la jurisdicción civil	•Procede contra las siguientes sentencias cuando fueron dictadas en segunda instancia por un Tribunal Superior del Distrito Judicial: 1. Las dictadas en toda clase de procesos declarativos. 2.Las dictadas en las acciones de grupo cuya competencia sea de la justicia ordinaria. 3.Las dictadas para liquidar una condena en concreto. 4.En asuntos relativos al estado civil las sentencias sobre impugnación o reclamación d estado civil y la declaración de uniones maritales de hecho.
Procedencia en la jurisdicción penal	•Procede contra las sentencias proferidas en segunda instancia en los procesos adelantados por delitos, cuando afectan derechos o garantías fundamentales por: 1.Falta de aplicación, interpretación errónea, o aplicación indebida de una norma del bloque de constitucionalidad, constitucional o legal, llamada a regular el caso. 2.Desconocimiento del debido proceso por afectación sustancial de su estructura o de la garantía debida a cualquiera de las partes. 3.El manifiesto desconocimiento de las reglas de producción y apreciación de la prueba sobre la cual se ha fundado la sentencia. 4.Cuando la casación tenga por objeto únicamente lo referente a la reparación integral decretada en la providencia que resuelva el incidente, deberá tener como fundamento las causales y la cuantía establecidas en las normas que regulan la casación civil.
Procedencia en la jurisdicción laboral	•Procede contra las sentencias de segunda instancia proferidas por un Tribunal Superior de Distrito Judicial que resuelvan sobre los procesos cuya cuantía exceda de ciento veinte (120) veces el salario mínimo legal mensual vigente.

ANULACIÓN DE LAUDOS ARBITRALES

Noción	• Recurso extraordinario encaminado a efectuar un control de legalidad del procedimiento seguido ante un Tribunal de Arbitramento.
Procedencia	• Procede contra cualquier laudo arbitral.

HOMOLOGACIÓN

Noción	• Recurso extraordinario típico del procedimiento laboral que hace referencia a laudos de Tribunales Arbitrales Especiales.
Procedencia	• Tiene como objeto revisar la regularidad del laudo arbitral dictado en conflictos colectivos de trabajo para confirmar su correspondencia con la ley y conferirle fuerza de sentencia.

CONSULTA

Noción	• No es propiamente un recurso sino un grado jurisdiccional de revisión.
Procedencia	• Consiste en que la ley dispone que determinadas sentencias que no sean apeladas, sean revisadas oficiosamente por el superior jerárquico de quien las profirió.

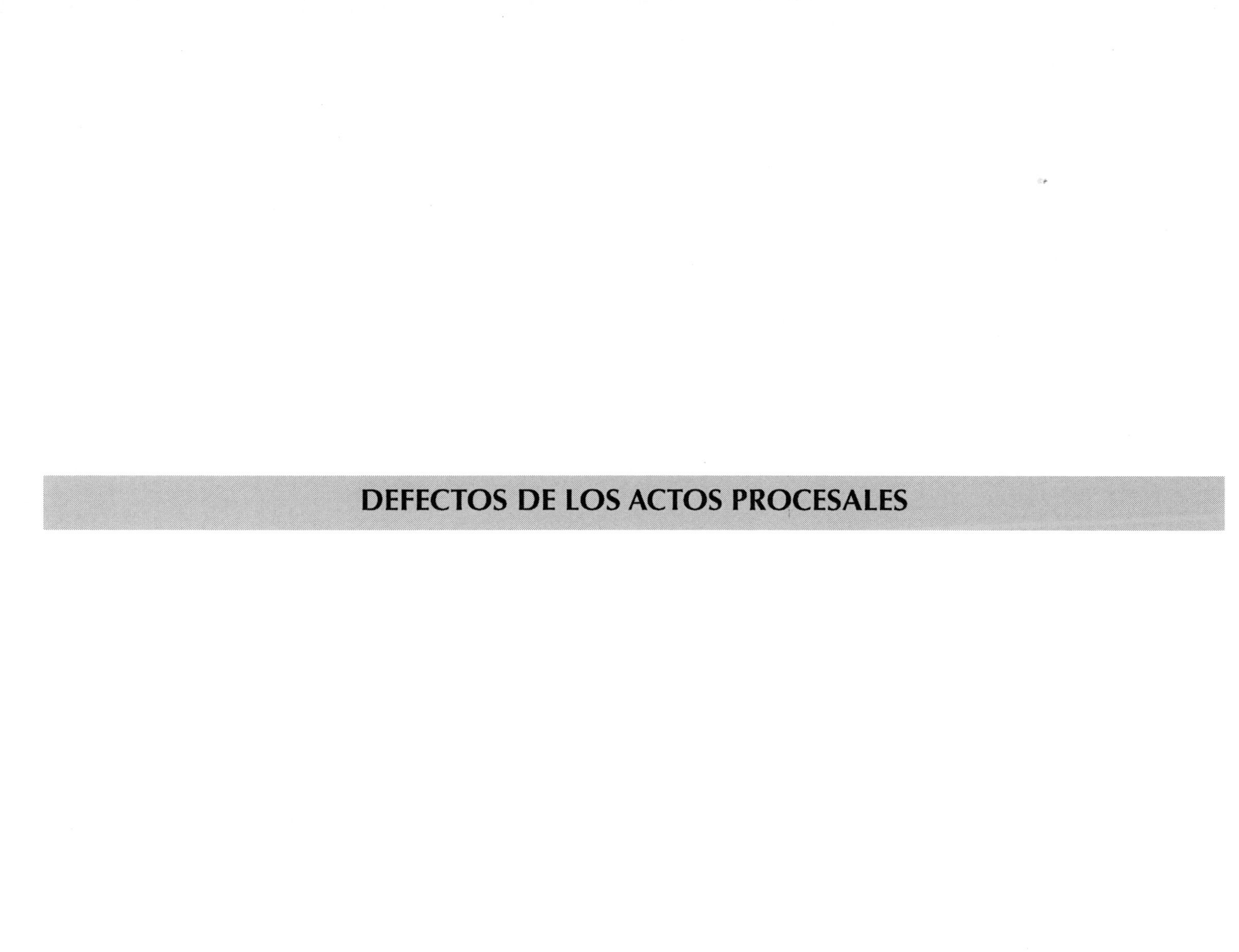

DEFECTOS DE LOS ACTOS PROCESALES

DEFECTOS DE LOS ACTOS PROCESALES

Concepto	• Los actos procesales son actos jurídicos y como tales susceptibles de adolecer de todos los defectos comunes a ellos. • Para que la sentencia sea válida debe ser el fruto de un proceso válido en el cual la relación jurídico procesal se haya constituido de manera válida y se haya desarrollado de manera también válida.
Clases de defecto	• Errores de contenido: se reflejan en la legalidad y justicia del acto. Se atacan y corrigen mediante los recursos. • Errores de forma: afectan la validez del acto. Configuran las nulidades. • Simples irregularidades: son vicios de forma que no constituyen motivo de anulación.

LAS NULIDADES

Concepto	• Es la invalidez de un acto jurídico procesal por concurrir alguna de las causas establecidas en las leyes. • En Colombia rige el principio de taxatividad de las nulidades y por consiguiente no es admisible la alegación como nulidad de vicios procesales no contemplados expresamente en la ley.
Efectos de la nulidad declarada	• La nulidad solo comprenderá la actuación posterior al motivo que la produjo y en cuanto resulte afectada por este. • En el auto en el cual se declare la nulidad el juez debe indicar qué actos quedan afectados y cuáles deben ser repuestos. • La prueba practicada dentro de una actuación nula conservará su validez y tendrá eficacia respecto de quienes tuvieron la oportunidad de contradecirla.

CLASIFICACIÓN DE LAS NULIDADES

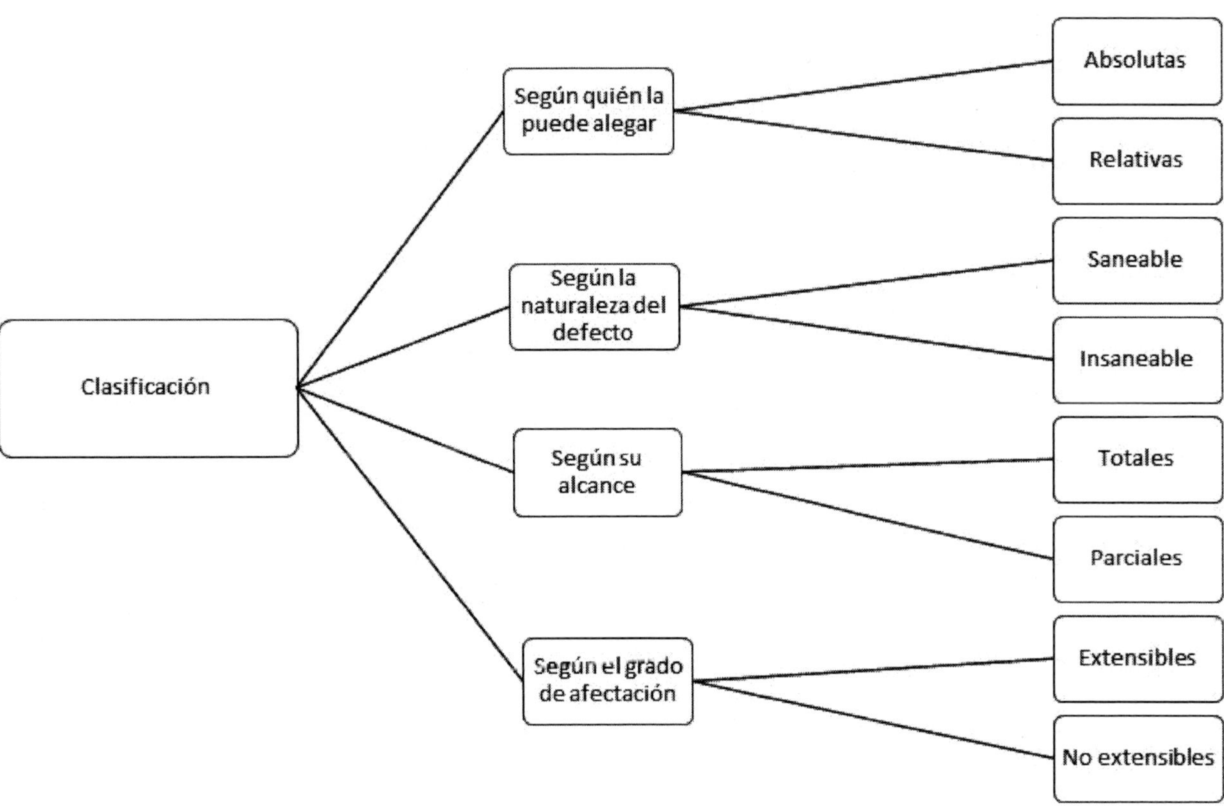

SANEAMIENTO DE LAS NULIDADES

Concepto	• Es la reparación del vicio padecido, en virtud de la cual el acto queda purgado del defecto que lo afectaba, e inatacable por ese motivo.
Escenarios generales de saneamiento	• Cuando la parte que podía alegarla no lo hizo oportunamente o actuó en el proceso sin proponerla. • Cuando la parte que podía alegarla la convalidó en forma expresa antes de haber sido renovada la actuación anulada. • Cuando a pesar del vicio el acto procesal cumplió su finalidad y no se violó el derecho de defensa.
Efectos	• Producido el saneamiento desaparece el vicio y por tanto se mantiene la validez de la actuación, inclusive de la sentencia.

MODOS DE TERMINACIÓN DEL PROCESO

MODOS DE TERMINACIÓN DEL PROCESO

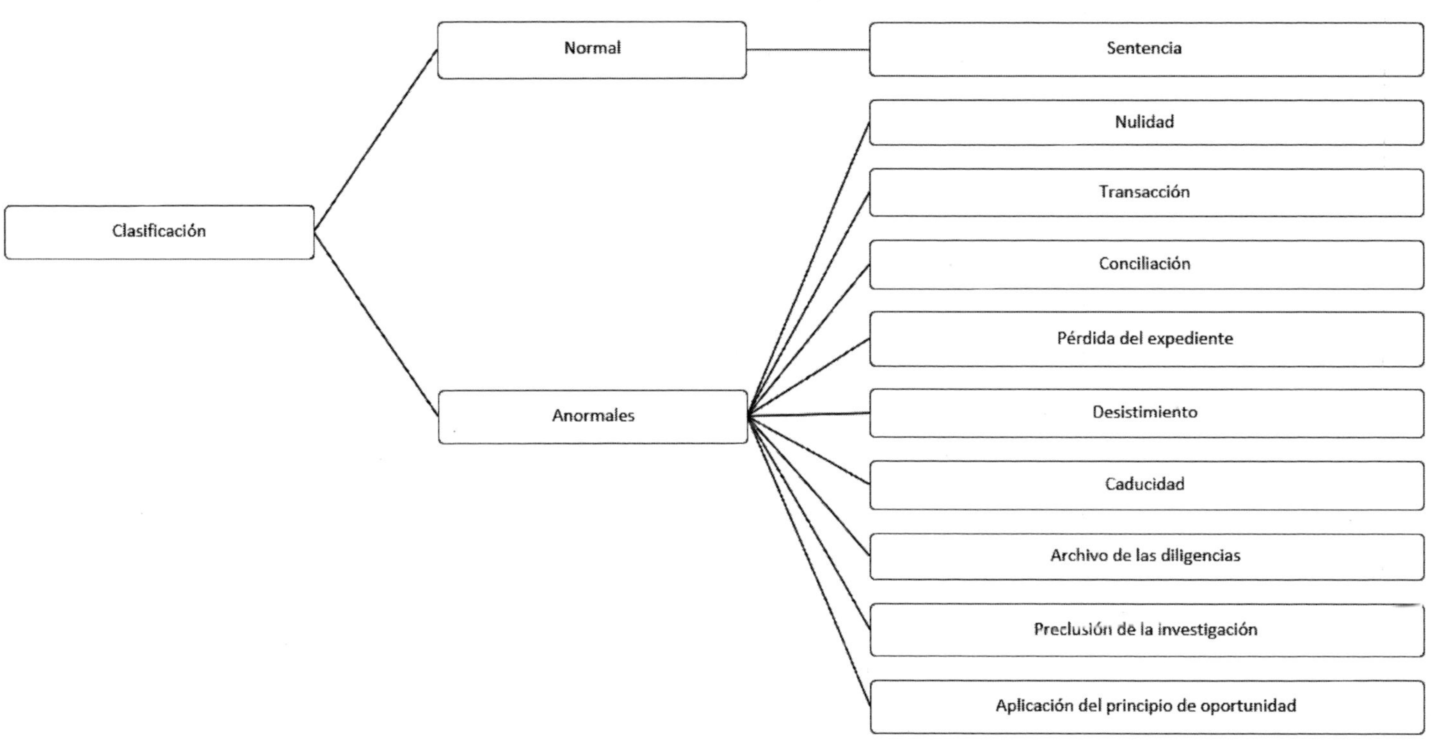

FORMA DE ACTUACIÓN EN EL PROCESO

FORMAS DE ACTUACIÓN EN EL PROCESO

Uso de las TICs	• En todas las actuaciones judiciales deberá procurarse el uso de las tecnologías de la información y las comunicaciones en la gestión y trámite de los procesos judiciales.
Idioma	• En el proceso deberá emplearse el idioma castellano. • Cualquier documento o prueba en un idioma distinto al castellano deberá incorporarse con su correspondiente traducción oficial.
Firmas	• Los funcionarios y empleados judiciales deberán usar, en todos sus actos escritos, firma acompañada de antefirma. • Podrán usar firma electrónica.
Actuación judicial	• Las actuaciones, audiencias y diligencias judiciales se adelantarán en días y horas hábiles. • El juez puede disponer su realización en días y horas inhábiles.
Presentación y trámite de memoriales e incorporación de escritos y comunicaciones.	• El secretario hará constar la fecha y hora de presentación de los memoriales y comunicaciones que reciba. • Los agregará al expediente. • Los ingresará inmediatamente al despacho solo cuando el juez deba pronunciarse sobre ellos fuera de audiencia. • Cuando se trate del ejercicio de un recurso o de una facultad que tenga señalado un término común, el secretario deberá esperar a que este transcurra en relación con todas las partes. • Los memoriales podrán presentarse y las comunicaciones transmitirse por cualquier medio idóneo.
Traslados	• Cualquier traslado que deba surtirse en audiencia se cumplirá permitiéndole a la parte respectiva que haga uso de la palabra. • Salvo norma en contrario, todo traslado que deba surtirse por fuera de audiencia se surtirá en secretaría por el término de 3 días y no requerirá auto ni constancia en el expediente. • Estos traslados se incluirán en una lista que se mantendrá a disposición de las partes en la secretaría del juzgado por un (1) día y correrán desde el siguiente. • Cuando una parte acredite haber enviado un escrito del cual deba correrse traslado a los demás sujetos procesales, mediante la remisión de la copia por un canal digital, se prescindirá del traslado por secretaría

AUDIENCIAS Y DILIGENCIAS

Iniciación, concurrencia y participación	•Toda audiencia será presidida por el juez o por los magistrados que conozcan del proceso. •Se iniciarán en el primer minuto de la hora señalada, aun cuando ninguna de las partes o sus apoderados se hallen presentes. •Los intervinientes que asistan después de iniciada la audiencia o diligencia asumirán la actuación en el estado en que se encuentre. •Las partes y demás intervinientes podrán participar en la audiencia a través de videoconferencia, teleconferencia o por cualquier otro medio técnico. •Cuando se produzca cambio de juez que deba proferir sentencia quien lo sustituya deberá convocar a una audiencia especial con el solo fin de repetir la oportunidad para alegar.
Concentración	•Toda audiencia o diligencia se adelantará sin solución de continuidad.
Grabación	•La actuación adelantada en una audiencia o diligencia se grabará en medios que ofrezcan seguridad para el registro de lo actuado. •Cualquier interesado podrá solicitar una copia de las grabaciones o del acta, proporcionando los medios necesarios para ello.
Publicidad	•Las audiencias y diligencias serán públicas, salvo que el juez, por motivos justificados, considere necesario limitar la asistencia de terceros.
Prohibiciones	•Las intervenciones orales no podrán ser sustituidas por escritos. El acta se limitará a consignar el nombre de las personas que intervinieron como partes, apoderados, testigos y auxiliares de la justicia, la relación de los documentos que se hayan presentado y, en su caso, la parte resolutiva de la sentencia. •Solo cuando se trate de audiencias o diligencias que deban practicarse por fuera del despacho judicial o cuando se presenten fallas en los medios de grabación, el juez podrá ordenar que las diligencias consten en actas que sustituyan el sistema grabación. •En ningún caso el juzgado hará la reproducción escrita de las grabaciones.